부산대학교 한국민족문화연구소
로컬리티 교양총서 4

부산의 장소를 걷다

| 필자 |

공윤경_부산대학교 한국민족문화연구소 HK교수(도시공학)
문재원_부산대학교 한국민족문화연구소 HK교수(국문학)
박규택_부산대학교 한국민족문화연구소 HK교수(인문지리학)
변광석_부산대학교 한국민족문화연구소 HK연구교수(한국사)
손은하_부산대학교 한국민족문화연구소 HK연구교수(영상공학)
신지은_부산대학교 사회학과 교수(사회학)
양흥숙_부산대학교 한국민족문화연구소 HK교수(한국사)
오미일_부산대학교 한국민족문화연구소 HK교수(한국사)
이명수_부산대학교 한국민족문화연구소 HK교수(동양철학)
이상봉_부산대학교 한국민족문화연구소 HK교수(지역정치)
이유혁_부산대학교 한국민족문화연구소 HK교수(비교문학)
장세룡_부산대학교 한국민족문화연구소 HK교수(서양사)
조관연_부산대학교 한국민족문화연구소 HK교수(문화인류학)
조명기_부산대학교 한국민족문화연구소 HK교수(국문학)
조정민_부산대학교 한국민족문화연구소 HK교수(일본문학)
차윤정_부산대학교 한국민족문화연구소 HK교수(국어학)
차철욱_부산대학교 한국민족문화연구소 교수(한국사)
하용삼_부산대학교 한국민족문화연구소 HK연구교수(사회철학)

부산대학교 한국민족문화연구소 로컬리티 교양총서 4

부산의 장소를 걷다

초판 인쇄 2016년 12월 20일 **초판 발행** 2016년 12월 30일
지은이 공윤경 · 문재원 · 박규택 · 변광석 · 손은하 · 신지은 · 양흥숙 · 오미일 · 이명수
　　　　이상봉 · 이유혁 · 장세룡 · 조관연 · 조명기 · 조정민 · 차윤정 · 차철욱 · 하용삼
엮은이 부산대학교 한국민족문화연구소
펴낸이 박성모 **펴낸곳** 소명출판 **출판등록** 제13-522호
주소 서울시 서초구 서초중앙로6길 15, 1층
전화 02-585-7840 **팩스** 02-585-7848 **전자우편** somyungbooks@daum.net **홈페이지** www.somyong.co.kr

값 16,000원　　ISBN 979-11-5905-091-6 03900

ⓒ 부산대학교 한국민족문화연구소, 2016

이 저서는 2007년도 정부(교육과학기술부)의 재원으로 한국연구재단의 지원을 받아 연구되었음(NRF-2007-361-AL0001).

부산대학교 한국민족문화연구소 로컬리티 교양총서 4

부산의 장소를 걷다

Walking the Places in Busan

부산대학교 한국민족문화연구소 엮음

소명출판

부산의 장소를 탐문하다

내가 살고 있는 이곳은 삶의 무수한 흔적들이 누적되어 있고, 다양한 사람들의 삶의 무늬들이 포개지면서 시공간적 정체성이 형성되는 장소다. 최근 핫 이슈가 되고 있는 산동네 골목을 지역의 어느 시인은 이렇게 형상화하고 있다. "눈 선한 사람이 구름처럼 모여 살았다 / 바다도 더 많이 찾아와 주고 / 진하게 놀다가는 별이 있는 하늘 동네 / 갈라섰다 다시 만나는 사람 일처럼 / 만났다 갈라지는 것이 골목이 할 일이다 / 오르막은 하늘로 가는 길을 내어 놓고 / 곧장 가서 짠한 바닷길을 숨겨놓아 / 가끔은 외로워 보일 때도 있다"(강영환, 「구부러진 골목·산복도로 76」 중에서)

이 시에서 만나는 골목에는 한국 상업영화에서 단골로 등장하는 깡패와 형사의 피 터지는 추격 장면도 없고, 벽화마을로 변신한 관광의 코스도 보이지 않고, 르네상스 이름의 도시계획도 보이지 않는다. 수많은 사람들이 만나고 헤어지는 동안 이웃들의 눈물 진한 삶이 보이고, 숨 가쁘게 올라간 골목 끝에서 만나는 별은 숨비소리가 된다. 외로움 꾹꾹 눌러가며 찬밥 덩어리 목 메이게 밀어 넣는 풍경에서 일제 강점기 조선인 노동자에서 한국전쟁 피란민, 산업화시기 도시 노동자로 이어지는 근근한 삶의 옹이들을 만난다. 이러한 산동네는 부산의 근현대사 안에서 정치, 사회, 경제적 권력들과 공모되며 부침浮沈이 진행되었다. 그러므로 장소는 그저 '저기 있는' 물리적인 배경이 아니라, 여러 사회적 과정이나 배경 속에서 구축되며, 또한 그 사회의 지배담론과 연관되어 생성된다. 동일한 그 장소가 역사적, 정치적 상황에 따라 '보였다 안보였다', '살았다 죽었다' 하는 것은 그 때문이다. 다시 말해, 지금의 부산 공간은 식민지, 한국전쟁, 근대화 과정을 거치면서 여러 사회적 권력관계에 의해 생산, (재)배치되었다.

부산하면 무엇을 떠올립니까? 이 질문에 대한 답은 이구동성으로 한목소리다. 이미 "친구야"(곽경택 감독, 〈친구〉, 2001)에서 "살아있네"(윤종빈 감독, 〈범죄와의 전쟁〉, 2012)까지 전국망으로 회자되는 부산 발發 유행어는 여전히 부산이 조폭, 마약도시라는 이미지를 강렬하게 유포한다. 뿐만 아니다. 광안대교, 감천문화마을 인증 샷을 찍어야 하고, 남포동에서 씨앗호떡을 먹어야 하고, 원도심 골목을 구경하면서 형사와 깡패의 추격 씬을 확인해야 하고, 사직 야구장에서 봉다리 응원의 어마무시를 구경해야 한다 ……. 현대사회에서 미디어의 힘은 얼마나 강력한가. 가짜를 진짜로, 허구를 실재로 만들어내는 그 신화적 힘은 아무리 강조해도 모자라지 않는다. 매스미디어를 통해 전파되고 소비되는 부산은 더 이상 개별적인 차이나 삶의 구체적 질감을 내장한 곳이 아니다. 이러한 조작적 신화들은 어디에서 오는 것인가. 여전히 내셔널 / 글로벌의 프레임 안에서 주변부인 지방 부산을 규정짓고, 원시적 순수성을 상품화하려는 외부 권력의 힘이다.

당초 이 책의 기획은 부산대학교 한국민족문화연구소 로컬리티의 인문학 연구단과 국제신문이 부산 근현대의 장소들을 새롭게 발굴하고 그 의미를 재구성해 보기로 하면서 출발되었다. 이러한 기획의 이면에는 대중매체가 생산해 놓은 부산의 장소 신화들에 대한 비판적 성찰이 놓여있다. 그래서 본 기획에서는 부산 근현대의 장소들을 내부자의 시선에서 발견함으로써 그 장소를 의미화하고자 했다. 그리고 과거나 현재, 부산을 상징적으로 매개하고 있는 장소들을 찾아 과거, 현재, 미래의 전망에서 재맥락화하고자 했다.

이 책은 3부로 구성되었다. 기억 / 망각의 공간, 일상문화 공간, 미래공생의 공간이라는 거친 틀로 분류했다. 그러나 이 장소들을 딱히 지정된 이 칸에 가둘 수 없음은 말할 것 없다. 과거, 현재, 미래의 시간을 환류하면서 두터운 주름들을 켜켜이 쌓아온 장소는 다만, 특정 시점에 따라 각도가 달리 드러날 뿐이다.

먼저, 1부에서는 기억 / 망각의 시선이 만들어 내는 장소를 주목한다. 왜관, 동래읍성, 수영비행장, 임시수도, 조방 앞, 난민보호소, 하야리아 부대 등 과거 부산의 상징적 장소였지만 역사 속으로 사라졌거나, 현재 과거와 다르게 배치되어 있는 장소들의 탄생과 소멸의 궤적을 탐사한다. 잊혀진 기억을 다시 끄집어내겠다는 것은 과거 영광의 재현에 초점이 있는 것이 아니다. 과거의 기억이 지금 현재의 장소를 구성하는 데 어떻게 동원되고, 어떻게 활용되는가, 그래서 탄생하는 (재구성되는) 새로운 지금-여기의 장소성은 무엇인가를 성찰하는 데 있다. 이 장소성은 여전히 그 '자리'에서 두런거리는 시간의 무늬들을 정직하게 마주할 때 온전히 드러날 일이다.

2부는 노동과 일상이 뒤엉키면서 우리 일상의 시공간을 재편했던, 혹은 하고 있는 장소를 펼친다. 송도해수욕장, 동래온천, 금강공원, 삼성극장, 보림극장, 사직야구장, 영화의 전당 등 추억으로 남아 있는 곳도 있고, 과거의 장소성을 이어 지속된 곳도 있고, 현재 다른 이름으로 재생된 곳도 있다. 공통된 것은, 이 장소들이 노동의 무거운 시간을 잠시 내려놓고 일탈의 카니발을 맛볼 수 있었던 곳이라는 점이다. 자갈치나 오시게장은 일탈보다는 오히려 사람의 짠내가 펄떡펄떡 살아 숨쉬는 '삶의 현장'임을 안내한다. 일상의 유쾌함과 버거움이 뒤범벅되어 우리의 하루를 만들었던 곳, 일상과 문화의 공간으로 묶었다.

3부에서는 부산의 미래적 모습을 공간적으로 표상하는 곳들을 탐문한다. 소비되는 향수를 가로지르는 산동네 이야기를 찾고, 마린시티의 화려함이 가져다 준 상실감을 이야기한다. 낙동강 하구에서 인간과 자연의 공존을 묻고, 고리원전을 보면서 우리의 생명권에 대한 질문을 던진다. 변모되는 부산지도 위에서 글로벌-로컬담론이 충돌하는 지점을 읽어내기는 어렵지 않다. 그럼에도 미래에 대한 전망은 발전, 진보, 개발 등과 무한 짝패를 이루는 것이 아니라, '오래된 미래'의 공간적 흐름에서 공생의 진정성이 있음을 놓치지 않으려 한다. 하여, 만들어 갈 미래 공간이 먼 곳의 유토피아가 아니라, 내 일상을 너끈히 부여잡고 출발되는 일임을 새삼 확인할 것이다.

부산의 장소를 탐문하면서 그 의미를 재구성하는 작업은 왜곡된 역사경험 내에서 그것의 자리로 되돌려 세우는 일과 연결된다. 굴절되거나 왜곡된 근현대의 장소를 찾아 비판적으로 조명하여 우리네의 곡진한 삶의 터로 세워냄으로, 우리는 내가 거주하고 있는 부산의 깊고 융숭한 속살을 체험하게 될 것이다. 이것은 추상적으로 이미지화된 공간을 내 삶의 자리로 바꾸는 일, 즉 토포필리아Topophilia를 발견하는 자리다.

필자를 대표하여
2016년 12월
문재원

차례

2부 공간, 일상과 문화가 되다

3부 변모하는 공간, 공생의 삶터로

1 부

기억의 공간, 망각의 공간

유일함과 오래됨의 공간, 왜관

양흥숙

중세 왜관과 근대 개항장이 이어지다

조선국 부산 초량항은 일본 공관이 세워져 오랫동안 이미 양국 인민이 통상하는 구역이 되었다. 지금 마땅히 종전의 관계 및 세견선 등의 일을 없애고 새로 세운 조관에 의거해 무역 사무를 처리한다.

이 글은 유명한 강화도조약, 즉 조일수호조규(1876)의 제4관에 실린 조문이다. 일본이 조선과 근대를 앞세운 조약을 맺으면서 네 번째로 언급한 것이 개항장 설치 문제였다. 조문 중에 눈에 띄는 것은 '부산 초량항', '공관', '오랫동안', '양국 인민', '통상'이라는 단어들이다. 부산 초량항은 오늘날 남포동 해안가 일대를 말하고, 공관이라고 한 것은 왜관倭館을 의미한다. 또한 왜관이 그곳에 자리한 것이 오래되고, 왜관에서 조선인과 일본인이 교역을 했다는 것을 말한다. 이 조문이 말하고자 하는 것은, 조약 체결 전에 두 나라의 사람들이 오가던 왜관은 오랫동안 부산에 있었기 때문에, 새 조약을 맺은 이후에도 이곳에서 계속 무역을 해 나가자는 뜻이다. 강화도조약 이후 첫 개항장이 부산에 설정된 이유이다.

근대 개항 이후 구(舊) 왜관지역의 변화(김동철 제공)

부산구조계조약(양 1877.1)에도 조일수호조규와 동일한 내용이 등장한다. '동래부 소관의 초량항 한 구역은 예부터 일본국 관리와 백성이 거주하는 곳이었다'는 것이다. 이미 일본인이 조선시대부터 부산에 거주해 왔고, 초량왜관을 일본인 마을로 만들어 놓았기 때문에 조약

체결이후 새롭게 조선에 들어오는 일본인들이 정착하기에 좋은 공간으로 생각한 것이다. 그러므로 1876년, 1877년 연이은 조약체결 이후 이곳을 일본전관거류지로 설정하였다. 중세 왜관과 근대 개항장이 이어지는 순간이다.

근대 개항 이후 옛 왜관 자리에 들어선 것이 이른바 일본전관거류지이다. 쉽게 말해 일본인 전용 공간이었다. 전용 공간이라는 것 때문에 중국과 일본 사이에서 '덕흥호사건'이 일어났다. 일본에서 무역상을 하던 화상華商이 부산으로 사업을 확장할 계획으로 직원들을 보내어 일본전관거류지 내에 덕흥호란 지점을 내려고 하였다가, 일본상인의 반발로 무산되었다. 일본은 전용 공간임을 내세웠고, 청과 일본의 외교문제로 커졌다. 이 일을 계기로 청은 일본전관거류지와 멀지 않은 곳에 청국조계를 만들었다. 오늘날 부산 차이나타운이 있는 곳이다. 또한 청국조계 주변에는 해관에 근무하는 영국인, 청국인들의 집들이 들어섰다. 휴일에는 이들 외국인들이 가족들과 부산 해안가에 나들이를 나오게 되면서 이 일대는 이국적 풍경을 나타냈다.

1765년 동래부 부산면, 1957년 부산시 동래구

현 부산광역시는 조선시대에는 동래부로 불렸다. 주소를 쓰려고 하면 동래부 ○○면 ○○리로 써내려갔다. 영조의 명에 따라 1765년에 완성된 『여지도서』라는 지리책에는 동래부에 부산면이 기재되어 있다. 동래부 산하 행정구역으로 '부산'이 탄생하였다. 이때의 부산은 부산진성이 자리한 동구 일대였다. 부산에 구제區制가 시행된 1957년의 행정구역은 부산시 동래구이다. 행정구역 순서로 보면, 동래와 부산이 서로 바뀌었다.

1872년 동래부지도(서울대 규장각한국학연구원 제공)
상단 성곽이 동래부 읍성이며, 하단 가운데 큰 섬이 절영도(현 영도). 섬 바로 옆에 구획된 공간이 근대 개항 전까지 존재한 왜관이다.

1910년 부산부釜山府가 생겼을 때 부산부는 동래부의 많은 지역을 이미 흡수한 상태였고 '개발 / 도시-부산, 낙후 / 농촌-동래'로 도시 구도가 잡혀가고 있었다. 1949년 한국에 시제市制가 도입되었을 때에 과거의 이름을 딴 동래시가 아닌 부산시로 명명되었다. 현 부산시의 이름을 부산부에서 따왔다. 이 역시 왜관과 일본전관거류지의 이어짐과 관련되어 있었다.

왜관이 있던 곳이 일본전관거류지가 되자 도시 외관도 크게 변하였다. 무엇보다 과거에는 없는 것들이 생겨났다. 전통 한약방 대신 서양식 병원이, 서당이 아닌 학교가 들어서고 전기, 전차, 전화, 우편 등 여태껏 보지 못한 시설들이 들어섰다. 2층 서양식 건물이 들어서고 길은 넓혀지고 바다에서는 매축이 이루어졌다. 그리고 부산 초량항이라고 부르던 곳은 부산항으로 부르게 되고 일본전관거류지에는 부산관리관청에 이어 부산영사관이 생겼다. 통감부 시절에는 부산이사청이 들어서서 이 지역의 대표 행정기관이 되었다. 1910년 이후에는 기존의 동래부 지역을 대거 흡수하면서 부산부釜山府라고 부르게 되었고, 지역의 최상위 명칭이 되었다. 그나마 동래란 이름을 유지하던 동래군은 경상남도에 속해버렸다. 중심과 주변의 뒤바뀜은 근대 개항에서 비롯되었지만, 바뀜의 계기는 그 이전부터 마련되고 있었다.

부산포에 들어선 왜관

초량왜관이 있던 곳을 부산항으로 부르게 되고, 그곳에 부산시의 중심을 의미하는 중구中區까지 들어섰기 때문에 부산의 역사에서 왜관을 빠뜨릴 수는 없을 듯하다. 왜관은 말 그대로 일본인이 머무는 곳이라는 의미이다. 일본인이 조선에 와서 업무를 보던 관청과 일본인

마을인 왜리倭里를 모두 포함하여 왜관이란 공간이 만들어졌다.

왜관은 서울에도 있었고, 칠곡에도 있었으며, 울산, 진해에도 있었는데 유독 부산에서 왜관이 부각되는 이유는 무엇인가? 이것은 부산에 있던 왜관이 유일했음과 오래되었음을 강조하는 데에서 비롯된다. 유일했다는 것은 조선 태종 이후 각 지역에 흩어져 있던 왜관이 명종대에 부산 한 곳에만 있었고, 임진왜란이 끝난 이후에도 한반도에는 왜관이 부산 한 곳에만 있었다는 의미이다. 오래되었다는 것은 1407년 일본인이 조선 땅에 살기 시작한 이후, 다른 지역의 왜관은 없어졌지만 부산에는 왜관이 계속 자리하다가 근대 개항까지 이어진다는 의미이다.

왜관이 유일하다, 오래되었다는 것은 어떤 의미가 있는 것인가? 왜관의 역할은 외교와 무역의 공간이면서, 이를 담당하는 사람들의 거주공간이었다. 왜관이 우리에게 의미 있게 다가오는 것은 '교류와 소통'의 공간이었다는 점이다. 물론 임진왜란을 겪으면서 동래(부산)는 전국최고의 수군기지가 된다고 해도 과언이 아니다. 아울러 동래부사의 군사 지휘권도 점차 강해졌다. 동래는 '통제와 방어'의 도시이기도 하였다. 이러한 분위기 속에서 교류가 가능했다는 것이 더 대단해 보인다.

왜관이 아무리 높은 돌담으로 둘러싸여 있는 공간이라고 해도 늘막힌 곳은 아니었다. 왜관 주변에는 대일무역에 참여하고픈 사람, 일본에 관심 있는 사람, 일본의 문화를 습득하려는 사람, 일본으로 도망가려는 사람까지 다양하게 모였다. 교류의 문도 열려 있었는데, 관료들은 관료들끼리, 학문을 좋아하는 지식인은 지식인끼리, 왜관 안의 일본인 승려는 조선인 승려와 만날 기회가 있었다. 사람들이 오고가

므로 필담과 시, 그림 등 문화가 오고 갔고 두 나라의 명절 때마다 선물이 오갔다.

왜관에는 조선의 언어와 문화를 배우려는 일본인이 유학을 오기도 했고, 비싼 조선의 약재를 조사하기 위한 일본의 약재조사단이 파견되기도 하였다. 이 약재조사는 조선에 알려져서는 안 되는 비밀 프로젝트였다. 그러므로 그때마다 조선인의 긴밀한 도움, 친분과 교류가 필요했다. 이와 반대로 조선인도 일본의 정교한 기술을 배우려고 왜관을 찾기도 하였다. 최천약이란 사람의 예를 보면 당시 왜관을 배경으로 한 두 나라 사람간의 교류 모습을 살필 수 있다. 그는 왜관에 들어가서 쇠, 나무. 흙, 돌을 다루는 기술을 직접 배웠고, 통신사를 따라 일본도 다녀왔다. 기교한 재주가 일본인과 다름없어, 일본인이라고 여길 정도였다는 평가를 받았다. 최천약은 이러한 기술을 바탕으로 서울로 진출하여 중앙의 여러 공사를 맡게 되는 인물이다.

일반 백성들도 일본인과 다양한 관계를 맺는 것은 마찬가지였다. 왜관 안에서 떡과 엿을 팔면서 돈을 버는 이웃 조선인 마을의 동네 아이들이 있었고, 가사일을 해주는 품을 팔면서 생활을 하는 여인들도 있었다. 이들은 왜관 안 일본인의 생활을 누구보다 잘 알고 있었다. 일본인은 매일 아침, 아침시장에 나가 생필품을 사야했고 왜관 인근에 사는 조선인들을 일본인이 좋아하는 물건들을 실어 날랐다. 자연스럽게 단골이 되었고, 가족 관계에도 익숙했으며 빚도 주고받는 신뢰도 쌓였다. 때로는 갈등을 일으키면서 그들 사이에 살인사건도 일어났다. 왜관이 부산에 500년 가까이 있게 되면서 긴 시간 동안 일본인은 조선과 조선문화를 알아가고, 특히 동래(부산) 지역 사람들과 친분을 더해갔다.

오래되었다는 것은 이러한 의미인 것이다. 습관이 생기고, 서로에게 익숙해지면서 서로 알아가게 되고 일상을 공유하게 된다는 의미이다.

오늘날의 국제도시 부산의 가치를 설명할 때, 전통적인 '열린 공간'의 의미를 드러내고자 왜관은 자주 인용된다. 동래(부산)는 왜관이 있었기에 분명 열린 공간이었고 그 공간에는 다양한 삶의 결이 존재하였다.

전쟁의 상흔과 식민지 지배의 오욕을 걷어낸 동래읍성

변광석

읍성은 무엇인가

읍성은 도시의 주요 시설과 마을 등 고을의 중심구역을 보호하기 위해 원형이나 방형으로 쌓은 방어시설이다. 그러면서도 읍성은 단순한 건축물이라기보다 사람이 살았던 삶의 공간이자 역사적·문화적 상징물이다. 읍성이라는 공간 안에는 관청, 민가, 시장, 그리고 사방으로 통하는 도로와 우물 등 사람이 사는데 필요한 온갖 시설이 담겨져 있다. 즉 성 안의 모든 사람의 일상이 묻어있는 곳이다. 그러기에 조선 후기 읍지邑誌에 보면 관청의 종류, 민가의 수, 시장의 위치, 도로의 방향과 거리, 우물의 수 등이 꼼꼼히 기재되어 있어 그야말로 한 고을의 백과사전임을 알 수 있다. 읍지는 해당 고을의 다양한 정보를 담고 있어 고을통치의 중요한 바로미터(지표)였다.

읍성북문의 옹성과 여장(필자 촬영)

변방의 보루 동래읍성지(부산시 지정기념물 제5호)

지금의 '부산'은 일제강점기 이전까지 '동래'였다. 동래는 변방지역의 관문이면서 왜구의 침략을 막기 위한 전초기지였다. 따라서 고을을 지키기 위해서 성곽의 축조가 반드시 필요했으며, 그에 따라 동래읍성과 금정산성이 축성되었다. 읍성은 상황에 따라 여러 차례 개축·수리하곤 했다. 축성에 관한 구체적 기록으로는 1021년(고려 현종 12)에 동래군성東萊郡城의 축조를 들 수 있다(『고려사高麗史』 권82, 兵志, 城堡). 그 후 조선 초 1446년(세종 28)에 동래현령 김시로金時露가 조정의 허가를 받아 축성했다는 기록이 있다(『동래부지東萊府誌』 題詠雜著, 신숙주의 정원루기). 이때의 읍성은 둘레가 3,000여 척에 불과한 작은 규모였다. 수년 전에 동래구청 위쪽에 위치한 복천동 304번지에서 당시의 읍성으로 보이는 성벽의 하단 일부가 발견된 적이 있었다. 동래읍성은 그 후로 별다른 증축 관련 기록은 보이지 않다가, 임진왜란 직전인 1591년(선조24)에 비교적 큰 규모의 축성역이 있었다. 당시 일본의 정세변동으로 인하여 적군의 침략 우려가 높아지면서 조정에서 삼남지방에 군비를 점검 보강해 나가는 분위기였다. 이때 경상감사 김수金睟의 주도로 읍성을 다시 축성했다.

하지만 동래읍성은 왜란을 겪으면서 크게 무너졌다. 읍성 내는 전쟁 발발로 동래부사 송상현 공을 비롯한 모든 군관민이 혼연일체가 되어 장렬한 전투를 벌였던 최대 격전지였다. 처절한 패배와 함께 읍성도 수난을 당하였다. 역설적으로 이때의 성곽 파괴는 일본군이 장기간 주둔을 위해 성벽의 돌을 뽑아 왜성 축조에 활용하면서 훼손되었다. 동래읍의 참상은 전쟁이 끝난 직후 동래부사 이안눌李安訥(1571~1637)이 부임하여 목격한 잡초에 덮힌 옛 성문과 불탄 마을 및 겨우 살아남은 노인들로부터 들은 전쟁의 상흔을 통해 알 수 있다. 무너진 읍성의 해자垓字에 쌓인 백골은 군민들을 대량 학살한 흔적이라고 했다. 도시철도 4호선 수안동 역사의 공사과정에서 발굴된 해자 내부에서 출토된 인골, 찰갑, 환도, 화살촉 등 유물이 말해주고 있다. 이 특별한 참상은 조선 후기에 지역민이 임진왜란을 기억하고 인식하는 가장 보편적인 기제가 되었다.

읍성 **북문**(필자 촬영)

개축과 보수에 심혈을 기울이다

　허물어진 성곽의 잔해는 한동안 피폐한 사회 분위기 속에서 방치되다가, 그 후 간헐적으로 보수되었지만 제 모습을 찾지 못했다. 원래 축성역은 많은 노동력을 동원하여 장기간 사역해야만 가능했으므로 쉽지 않은 일이었다. 조선 후기에 성곽 규모를 대대적으로 확장하여 축조한 것은 1731년(영조 7)이었다. 동래부사 정언섭鄭彦燮(1686~1748)이 부임하여 동래지방의 중요성을 강조하며 야심차게 시행하였다. 그런데 이 사업이 시행된 배경에는 유명한 정치적 사건이 있었다. 중앙의 권력에서 소외된 지방의 소론과 남인이 일으킨 무신란戊申亂(1728)으로 인해 조정에서는 지방의 치안유지를 위한 방어시설로서 읍성의 필요성을 절감했다. 그리하여 중앙권력과 지방수령이 합심하여 읍성을 축성하는 시도가 일어났고, 동래에서도 그 일환으로 대대적 축성이 있었다.

　정언섭은 부임 직후 성터를 측량하고 공사구역을 담당할 장교를 임명하며 장비와 물력을 준비하였다. 특히 읍성 수축의 계획안을 추진하면서 그의 정치적 후원자인 경상감사 조현명趙顯命(1690~1752)의 협조를 받아 재정 확보책에 들어갔다. 그 방법은 왜인들에게 지급하는 공목公木(면포)을 쌀로 바꾸어 주는 공작미公作米 시책을 펴는 과정에서 미가의 시세를 이용하여 발매함으로써 얻는 이익으로 공사에 필요한 경비를 마련할 수 있었다. 이 시책은 종래의 부역노동이 아니라 고용노동의 방식으로 이루어진 점이 주목된다. 따라서 대대적 축성공사의 엄청난 비용에도 불구하고 중앙의 재정 지원을 받지 않았기 때문에 조정으로부터도 높은 평가를 받았다. 이것이 상당히 흥미로운 부분이다. 정언섭이 이임한 뒤 건립된 선정비 '부사정공휘언섭홍학문화거사비府使鄭公諱彦燮興學文化去思碑'에는 그가 홍학과 축성의 공로로 문무지치文武之治를 이루었다고 적혀 있다. 공사에 관한 구체적 내역은 『동래부축성등록東萊府築城謄錄』과 '내주축성비萊州築城碑'에 상세히 기록되어 있다.

내주축성비(필자 촬영)

이때 축성한 동래읍성이 현재 복원되어 있는 읍성의 원형이다. 그 외 조선 말 1859년(철종 10), 1870년(고종 7), 1892년(고종 29)에 동래읍성을 수리했다는 기록도 있다. 그 중에 1870년 정현덕鄭顯德(1810~1883) 부사가 주도한 축성역이 가장 규모가 컸다. 동래읍성지는 크게 산지(구릉)와 평지가 겹쳐져 있는 평산성平山城 양식으로 수축되어, 양쪽 지세의 장점을 두루 갖추고 있다. 동장대가 있는 충렬사 뒷산에서 시작하여 마안산馬鞍山의 중심 맥에 위치한 북문을 거쳐 서장대가 있는 동래향교 뒷산까지의 구릉지를 아우르고, 동래 시가지 중심지역인 평지를 포함하여 펼쳐진 전형적인 평지성과 산성의 장점이 결합된 읍성이다. 곧 자연지리적 중심축과 인공적 중심축(건축물)이 잘 조화되어 있다는 점이다.

정현덕부사 선정비(왼쪽에서 두 번째)(필자 촬영)

식민지권력의 유린과 '동래'

전국에 분포된 조선시대의 읍성들이 일제강점기에 모두 헐려버리는 유린을 당했다. 마치 공사발주 하듯이 일본인들에게 책임과 권리를 부여하여 성벽을 철거하도록 했다. 특히 서울의 궁궐과 부산의 읍성이 수도와 관문이라는 특성 때문에 심했다. 그것은 통감부 시기부터 이미 시작되었다. 동래읍성은 일제강점기 때 '시구개정사업'이라는 명목으로 파괴되었다. 서문에서 남문에 이르는 성벽이 철거되었고, 남문에서 동문에 이르는 평지의 성벽도 도로용지나 주택지로 이용되어 읍성의 기능을 상실했다. 다만 마안산을 중심으로 한 산지에만 성곽의 모습이 겨우 남아 있을 뿐이었다.

아울러 일제 식민권력은 철저한 목적의식을 가지고 동래읍성 내의 건축물 다수를 훼손해 나갔다. 대표적으로 3·1운동을 일으켰던 장소인 망미루(동래도호아문)와 동래독진대아문은 조선시대 동래부 관아의 가장 중요한 관문이었다. 이들을 금강공원의 입구와 숲속으로 이전시킴으로써 문화재의 원기능을 상실시키고 역사성을 변형시켜 놓았다. 이로써 온천관광과 공원유람을 오는 일본인들을 위한 단순한 시선 장식물로 전락되어 버렸다. 다행히 동래구에서는 동래부동헌 옆 부지를 매입하여 2014년 말에 다시 옮겨왔다. 원래의 역사공간으로 가져옴으로써 일단 상실된 장소성을 회복한 셈이다.

동래구에서는 남아있는 성벽 중에서 훼손·방치되어 오던 부분을 가지고 체성體城을 보강하면서 여장女墻과 치雉 등을 보수·복원해 왔다. 그 결과 시가지 구역을 제외하고는 옛 읍성의 상당한 모습을 갖추었다. 성곽을 보수·복원 할 때 전통적 축성 공법을 지키는 것은 매우 중요하다. 읍성의 모습을 제대로 갖춘 북문을 제외하고는 남문(하나은행 수안동지점 옆), 서문(KT동래지사 옆), 동문(동래고교 정문 앞), 암문(동래구청 맞은편 골목)의 옛터에 표석을 세워 유적지의 원위치 정보를 제공하면서, 동래역사에 대한 다양한 문화적 자료로 활용되고 있다.

　도시의 지명은 역사적으로 내려온 시간축 속에서 그 공간이 지닌 정체성正體性(Identity)을 담고 있다. 오늘날 부산의 역사와 문화 전통은 모두 동래의 그것이다. '부산'의 지명 앞에는 현재 '물류도시'·'영화제 도시'라는 수식어가 으레 따라 다닌다. 이처럼 '부산'이 지역과 국가를 대표하는 브랜드로 알려진 것은 좋지만, 지명의 역사적·문화적 전통이 담긴 것은 결코 아니다. 일제는 조선왕조의 역사성을 말살하기 위해 '동래' 대신 '부산'을 도시명으로 사용했다. 게다가 해방 후 우리 정부조차도 정체성을 회복하지 못하고 일제가 쓰던 지명을 그대로 답습했다. 그 당시 덧씌워진 일제의 잔재를 걷어냈다면 정체성이 훼손되지 않고 '동래광역시'가 되었을 것이다. 동래구에서는 매년 10월 '동래읍성역사축제'를 개최하고 있다. 동래읍성의 붉은 꽃이 시간의 축을 뛰어넘어 축제로 승화하여 시민들과 하나가 되고 있다.

동래읍성 역사축제의 현장(필자 촬영)

읍성 야경(필자 촬영)

도시 속의 도시, 센텀이 된 수영비행장

양흥숙

수비삼거리를 아시나요?

수영비행장을 의미하는 '수비'는 우리의 시야에서 사라졌다. 구전되는 지명으로 남아 있다가 이 일대가 하루가 다르게 빠르게 바뀌는 탓에 이제는 기억에서조차 점차 멀어지고 있다. 이제는 '이곳에 비행장이 있었나'라는 반응을 접하는 것이 더 쉽다. 해운대 수비지점이라고 적힌 몇몇 간판 속에서 수비라는 명칭을 겨우 발견할 수 있다. 수비삼거리는 수비사거리였다가 다시 오거리가 되고 지금은 그 이름도 거창한 올림픽교차로가 되었다.

옛 수영비행장이 있던 곳은 현재 도시 '부산' 안의 또 다른 도시, '센텀시티'로 불리며 날로 번창하고 있다. 번창하는 속도만큼이나 50년간 자리했던 수비는 하루가 다르게 잊혀지고 있다. 수비라는 이름이 빠르게 지워지는 것은 골프장, 비행장, 군부대, 컨테이너 야적장이라는 이력과도 무관하지 않다. 이 지역의 개발은 일제강점기부터 진행되고 있었다. 인근의 해운대온천은 1880년대부터 일본인 자본가에 의해 개발되어 일제강점기에는 조선총독부 수뇌부가 부산에 오면 자주 숙박하던 곳이었다. 1934년 7월 부산진에서 해운대 구간의 동해남부선이 완공됨에 따라 해운대 관광은 촉발되었다. 일본인을 위해 개장한 송도해수욕장이 포화상태에 이르자, 일본인은 다시 이 열차를 타고 수영, 해운대에 내렸다. 수영강 하구의 수영해수욕장은 현재 흔적도 없지만 당시는 남한 제일의 해수욕장이라는 별칭도 얻었다. 더욱이 바로 옆 비행장 부지는 일본인 자본가에 의해 골프장으로 조성되었다.

수영비행장이 들어서기 전, 일제 강점기에 있었던 **수영골프장**(김동철 제공)

수영－해운대 지역은 일본인에게 최적화된 관광단지로 개발되었다. 이 때문에 비행장이 들어서기 전부터 조선인은 이 공간을 사용하기가 너무 어려웠다. 비행장이 들어선 이후도, 특권층의 공간인 공항은 그 저 바라보는 대상일 뿐이었다. 시민들과 호흡하지 못하는 공간이었기 때문에 수비삼거리란 명칭을 기억할 뿐 수영비행장에 대한 기억은 별 로 없는 것이 사실이다.

비행장이 들어서다

부산에 비행장을 만들자는 논의는 이미 1920년대부터 시작되었다. 조선총독부 고시告示에 따라 공용비행장으로 설치된 것은 1929년 경 성비행장과 울산비행장이었다. 비행장들이 차차 생겨나면서 부산에 비행장이 있어야 한다는 논의도 늘어났다. 부산과 오사카, 시모노세 키 사이의 우편, 화물과 여객 운송을 위한 비행장이라든지, 일본과 만 주를 연결하기 위한 경유지로서의 비행장이라든지, 부산 비행학교 건 립 등의 논의가 정책 현안으로 자리하고 있었다. 애초에는 평야지대 인 부산의 대저, 명지 일대에 비행장을 건설하려는 계획이 있었다. 그 때에도 현재의 김해공항 일대가 비행장이 들어서기 좋은 땅으로 여겨 졌나 보다. 이러는 사이에 항공우편 업무를 담당하는 체신당국에서 대 구에 비행장을 새로 설치한다는 발표를 하였고, 이미 운영되고 있던 울산비행장을 폐쇄하고 대구로 옮긴다는 내용이었다. 지금도 공항 유치 문제는 부산시와 경상남도 일대를 들썩거리게 만들고, 대통령 선거에 영향을 미칠 만큼 지역의 첨예한 현안이 되고 있지만, 당시에도 울산 사람들은 울산군민대회를 열고, 총독부에 항의방문을 하는 등 비행장 이전 반대운동에 적극적이었다. 울산의 반대에도 불구하고 1937년 대구비행장이 개설되었다.

부산에 비행장이 들어선 것은 1940년대 태평양전쟁이 한창일 때였다. 일제는 전쟁을 수행하기 위한 군용비행장을 계획하고, 이곳에 있던 소나무 등을 베어내고 활주로를 만들었다. 활주로 조성 때 일제는 인근 주민, 어린 학생들을 비행장 공사에 투입시켰다. 모 원로교수는 당시 겨우 중학교 1학년이었지만 근로봉사라는 이름으로 수영비행장의 활주로 공사에 동원되었다고 기억하고 있으며, 집이 있는 대연동에서 수영까지 꼬박 걸어 다녔다고 하였다. 건강한 청년은 이미 징병, 징용이다 해서 남아 있지 않으니까, 남은 어린 학생이 활주로 공사에 강제 동원되었다.

부산이 임시수도가 되니 수영비행장이 임시국제공항이 되다

한국전쟁기 부산을 떠올리면 피란민이 밀집해있는 산동네, 그들의 삶터인 국제시장, 애환의 영도다리, 서울 문인들이 찾던 다방 등이 부각된다. 대통령과 정부, 국회까지 피란을 오니 부산은 당연히 임시수

1952년 수영비행장에서 근무한 미국인 치과의사 찰스 버스턴이 찍은 수영비행장 안팎
(국립민속박물관 제공)

도가 되었다. 그러므로 전쟁 중이었지만 비행기를 타는 사람들은 부산 유일의 수영비행장을 이용하였다.

주미대사를 지낸 제2대 장면 총리가 1951년 1월 수영비행장으로 환국했다, 대통령이 서울에 있는 연합군총사령관을 만나기 위해 수영비행장을 떠났다, 1952년 1월 신익희 당시 국회의장이 새해를 맞아 유엔군을 격려하기 위해 수영비행장을 떠났다는 신문 기사 등에서 유명인이 오가던 한국전쟁기의 수영비행장을 짐작할 수 있다. 게다가 1952년 제15회 핀란드 헬싱키올림픽에 참가했던 대표선수들이 수영비행장에 도착하자 비행장은 환영인파로 가득 찼다는 기사, 올림픽 대표선수가 출발하는 날 '체육한국의 명예를 위하여 마음 놓고 충분히 싸우고 우수한 성적으로 돌아오기를 바란다'는 격려사를 실은 신문 기사도 눈에 띈다. 종전終戰이 요원한 시점에서 국민은 무엇을 환영하고, 선수에게는 무슨 격려가 되었는지 …….

한 가지 흥미로운 점을 소개하자면 혼란스러운 전쟁통에 비행기 값이 슬쩍 인상된 점이다. 서울-부산 간 항공 운임을 30,000원圓에서 75,000원으로 올리자는 것인데, 이미 철도 가격이 1등급 좌석 기준으로 22,133원에서 64,134원으로 인상되었기 때문에 같이 인상시킨다는 것이고, 일본 같은 경우는 기차 가격보다 항공료가 2배 정도 비싸기 때문에 인상 값이 높지 않다는 인상 명분도 내놓았다. 전쟁통에 항공용 기름을 제대로 조달하지 못해 비행기에 사용되는 휘발유, 윤활유를 일본에서 공수하고 있어 비행기 값이 인상되는 원인이 되었다. 1950년대 초반의 비행기 값을 비교하면 서울-부산과 부산-제주는 30달러, 부산-대구는 10달러, 대구-제주간은 35달러였다. 서울-제주 간 요금이 없는 것으로 보아 당시에는 이 구간 직항이 없었던 모양이다. 비행기는 정기적으로 이들 도시를 운항하고 비정기적으로는 일본에 기름을 채우러 다녔던 듯하다.

사진촬영은 금지되어 있습니다

김해공항에 비행기가 착륙하면 비행기에서 어김없이 '김해공항은 군사공항이오니 사진촬영이 금지되어 있습니다'라는 소리가 들려온다. 김해공항은 여객수송을 위한 민간비행기 뿐 아니라 군용비행기가 이착륙을 한다는 의미이다.

일제의 육군비행장으로 출발한 수영비행장은 군대가 주둔하고, 해방 이후에는 국방부가 관할하는 공간이었기 때문에 일반 시민과는 격리될 수밖에 없는 공간이었다. 그리고 35만 평이 넘는 비행장 부지뿐 아니라 주변 일대 275만 평이 군사보호구역 등으로 지정되어, 개발이 제한되면서 일반 시민과의 갈등이 늘 내재된 공간이기도 하였다. 더욱이 수영비행장에 민간비행기가 취항한 이후에도 비행기를 탈 수 있는 사람들은 극히 제한적이라서 당시 '비행기 타봤나?'라는 말은 지극히 특별한 경험을 의미하는 것이었다. 반면 비행장 주변 학교에서는 하루 40여 회의 비행기 이착륙 소음으로 수업에 지장을 받고 있다는 호소를 자주 하곤 했다. 여객 수송이나 화물 운송을 위한 민간공항이 김해로 옮겨진 이후에도 수영비행장은 오랫동안 군용비행장으로 사용되었다. 수영비행장 부지를 부산시로 완전히 넘겨준 이후에는 남아 있던 수영의 군사시설은 김해공항으로 옮겼다. 그러므로 김해공항이 다시 군사공항의 기능을 담당하게 된 것이다. 김해공항에는 하루에도 수십 차례 민간비행기가 이착륙하지만 여전히 김해공항은 '제한된' 공간으로 우리에게 남아있다.

해방 후 수영비행장이 정식 직제화된 것은 1958년 1월 대통령령에 따른 것이었다. 국제비행장으로 김포공항을 지정하면서 우리나라의 비행기 직제를 새로 만들었다. 이때 서울비행장, 부산비행장(수영비행장), 광주비행장, 강릉비행장, 제주비행장이 민간항공기가 이착륙하는 비행장으로 지정되었다. 부산비행장은 1963년에 국제공항으로 승격

되었다. 이에 앞서 전년 크리스마스이브에는 수영비행장 대합실이 완공되어 건물 낙성식이 있었다. 시간이 흐르면서 비행기 탑승인구가 증가하고, 대형 기종의 비행기가 등장하고, 그에 따른 긴 활주로와 기반 시설이 필요함에 따라 1976년 수영비행장은 김해로 옮겨갔다.

수영비행장은 이후로도 국방부가 관할하는 곳이었지만 때론 군중의 공간이 되기도 하였다. 1984년 5월 교황 요한 바오르 2세는 부산을 방문하였을 때 수영비행장에 내렸다. 이곳에서 노동자, 농어민 등 30여 만 명이 운집한 가운데 교황은 강론을 펼쳤다. 또한 대통령 선거 유세가 한창이던 1987년 가을 이 일대에는 군정軍政을 종식해 보려는 100만 명이 넘는 시민들의 열기로 넘쳤던 공간이기도 하였다.

이렇게 옛 수영비행장 부지는 점차 시민의 공간으로 사용되면서, 부산시민과 부산시는 시민들에게 부지를 돌려달라는 청원을 계속하였다. 국방부는 번번이 거부하고, 주유소, 야적장 등 민간업자에게 부지를 임대해 버렸다. 결국 1994년 수영 군비행장을 김해로 옮긴다는 발표가 있으면서 주변과의 차단막은 내리게 되었다.

지금 이곳은 'city of city' 센텀시티로 변하였다. 세계 최대를 자랑하는 건물들, 하늘을 찌르는 유리 마천루들이 센텀시티에 자리하면서 주변 지역과는 또 다른 차별을 불러일으킨다. 비행장 이전으로 기왕에 사라진 차단막이 재생되지 않기를 바랄 뿐이다.

센텀시티 전경((사) 부산국제건축문화제조직위원회 제공)

여공들의 한숨과 함성이 교차했던 조방 앞 거리

오미일

역사 공간, 조방 앞과 범일동의 기억

'조방 앞'이란 장소는 오늘날 범일동 자유시장과 평화시장, 부산은행 본점 주변 예식장 거리 일대를 가리킨다. 조방朝紡은 조선방직주식회사의 줄임말이다. 일제강점기 조선방직의 정문은 오늘날의 평화시장 공구상점 골목 입구에 있었고, 후문은 시민회관 쪽에 있었으므로 조방 앞은 문화병원·현대백화점 일대가 되는 셈이다. 그러나 지금은 후문이 있었던 시민회관 부근, 서쪽 자성대 앞 부산은행 본점까지 통칭 조방 앞이라고 부르므로 오히려 '조방 터'라고 하는 것이 정확할 것이다. 어느 토박이에게, 일제강점기 조방 앞은 기숙사 생활을 하는 여

조선방직 부산공장(釜山出版協會, 『釜山大觀』, 1926)

공들이 정문 양쪽 옆에 아름드리 서 있는 수양버드나무 밑에서 총각
들과 몰래 만나는 데이트 장소로 기억되었다. 반면 이제는 고인이 된
어느 사회주의자에게는, 찐빵가게가 쭉 늘어서 있던 이곳에서 일요일
이면 외출하는 여공들에게 1전짜리 빵을 사주며 의식화교육을 했던
장소로 기억되었다.

　도시 건설 초기에 부산의 산업공간은 식품·금속 공업지대인 부평
동과 조선공업造船工業지대인 목도牧島(영도)였다. 그러나 도시가 확장
되면서 1913~1918년, 1927~1932년에 걸쳐 부산진매축공사가 진행
되었고, 개항 이전부터 전통적 조선인 마을이었던 수정동과 좌천동,
범일동지역이 새로운 산업공간으로 조성되었다. 조선방직회사 설립
을 시작으로 1920년대 이후 이곳에는 고무공장과 염직소, 양말공장, 방
직공장 등이 들어서기 시작했다. 특히 일영고무(1923), 능암고무(1926), 환
대고무(1928), 희성고무(1929), 대화고무·부산고무(1930), 일성고무(1932)
등 고무공장이 집중적으로 들어섰는데, 1930년대에 일본계 독점자본
인 삼화고무가 이들 공장 중 일부를 인수합병해서 1~5공장으로 재설

립하면서 삼화고무왕국이 되었다. 부산에 고무공장이 많이 들어선 이유는 동남아시아로부터 원료인 생고무 수입이 쉬웠기 때문이다. 이들 방직공장이나 고무공장에서 일하는 직공들은 수정동이나 좌천동의 산록에 주거공간을 마련하여 산동네를 형성했다.

여공들, 조방의 가혹한 노동조건에 파업으로 맞서다

조방은 1917년 11월 범일동 700번지에 창립되어(1919년에 완공되었으나 화재로 실제 공장 가동이 이루어진 것은 1922년임) 1968년 청산될 때까지 약 50년 동안 존재했다. 이 회사는 일본 독점자본 미츠이三井계열의 인맥에 의해 설립된, 조선 최초의 근대적 면방직공장으로 최대 규모를 자랑했다. 공칭자본금 5백만 원, 공장부지 4만 평(1968년 해체 때에는 8만 평), 건물 54개 동, 종업원 2천 명~3천 2백여 명이다, 공장 내에는 병원과 기숙사까지 갖추고 있었다. 구내 병원이 종업원들의 간이진료소가 아니라 외부인들의 치료와 입원도 가능한 병원이었다는 점에서 조방의 규모를 짐작할 수 있다. 조선 최초의 대규모 방직공장이 1917년 무렵 부산에 입지한 것은 1차대전 호황으로 일본 내 독점자본의 식민지 배출이 요구되는 경제 변화와 일제의 육지면재배사업에 의해 생산된 남부지방의 면화 공급에 기인했다. 그런데 방직공장이 범일동에 입지하게 된 것은 도시공간의 편성과 산업공간의 배치란 맥락에 근거했다.

조방이 전국적으로 유명하게 된 것은 그 공장의 규모보다도 여공들이 전개한 치열한 노동운동 때문이었다. 일제시기 사회주의자들은 항일투쟁의 일환으로 노동자들을 의식화하고 노동조건 개선을 위한 파업 쟁의를 시도했다. 특히 노동조건이 열악하고

조선방직 방적공장(釜山出版協會, 『釜山大觀』, 1926)

일제 독점자본 공장이어서 운동의 파급력이 강한 조방은 사회주의자들의 대표적인 '공작' 대상이 되었다.

조선방직 여공 중에는 경상북도나 충청도의 농촌 출신이 많았는데, 이들은 출장 온 여공모집원이 '공장에 가기만 하면 매일 수십 원의 수입이 있느니 갖은 호강을 다하느니'라고 유혹하는 감언이설에 속아 입사한 이들이었다. 신입 여공은 일급 최대 15, 16전을 받으며 6, 7년 후 숙련공이 되면 30~40전을 받았는데, 4원 가량의 기숙사비를 내고 나면 남는 돈이 거의 없었다. 처음 입사하는 날부터 여비 때문에 빚을 진 여공의 경우에는, 도망을 우려하여 기숙사 외출이 통제되었다. 일반 여공들도 일요일 외에는 대개 공장 밖 외출이 금지되었고 기숙사 내에 머물러 있어야 했다. 또한 작업용구는 회사 측에서 제공하는 것이 아니라 각자 마련해야 했는데 스패너는 거의 두 달 월급에 해당하는 9원이나 했다. 그리고 벌금제도라는 것이 있어서, 기계 고장에 의해 불가피하게 제품에 흠이 나거나 혹은 12시간 2교대제의 고된 노동으로 잠깐 졸아서 실수하더라도 벌금을 물어야 했고 때로는 일본인 감독으로부터 난타당하기도 했다. 일본인 직공은 고용 후 4, 5개월이

조선방직 파업사건 기사『중외일보』, 1930.1.18)

지나면 주석主席직공이란 이름으로 작업감독직을 맡았으나, 조선인은 50전을 받는 위치로 승급되면 해고되는 경우도 있었다. 조방은 조선총독부로부터 연간 20만 원의 산업보조금을 지급받고 주주배당률도 높았지만, 직공에 대한 처우는 최악이었다.

이러한 열악한 노동조건과 작업환경에 모순을 느끼고, 1930년 1월 10일 남자직공들의 모임인 중락회衆樂會가 중심이 되어 파업을 일으켰다. 그러나 파업의 실제 주역은 여공들로, 이들은 여공파업단 본부를 별도로 설치하고 단식투쟁을 감행하며 회사에 맞섰다. 그러나 회사와 경찰은 공장 밖으로 진출하려는 여공들에게 영하 3도의 기온에도 아랑곳하지 않고 물세례를 퍼붓는가 하면, 파업에 적극적인 맹렬 여공들을 해고하고, 단식으로 탈진한 이들을 강제로 끌어내 기차에 태워 본적지로 돌려보내는 만행을 저지르기도 했다. 단식투쟁에 놀라 시골에서 온 부모들은 굳게 닫힌 정문에 매달려 울부짖었으나 딸을 만나지도 못했다. 임금 인상, 8시간 노동제, 작업도구 무료지급, 벌금제 폐지, 기숙사 여공 출입증 폐지 등 12개 요구조건을 내건 파업은 결국 경찰의 탄압과 파업단의 준비 부족으로 실패로 끝났다. 그러나 조방 여공들은 지역의 노동단체뿐만 아니라 전국 각지의 노동조합이나 사회단체로부터 물적 지원과 뜨거운 성원을 받으면서 노동운동의 투사로 성장했다.

공장 터에서 시장 터로

해방 후 조방은 적산敵産으로 미군정에서 관리했는데, 1946년 1월 부터 본격 조업에 들어가 비교적 양호한 가동률을 보였다. 1946년 한 국에서 첫째가는 방직기업이란 의미에서 한일실업공사韓一實業公社로 이름을 바꾸기도 했으나, 1년여 만에 원래의 이름으로 복귀했다. 전쟁 피해를 입지 않은 유일한 공장인 조방은 이승만의 정치자금문제와 연 계되면서 파란을 겪었다. 사장 강일매姜一邁의 정실인사와 부당해고, 노동조합 어용화와 분열 책동, 방만한 경영에 항의하여 조방 여공들 은 1951년 12월부터 4개월간 쟁의를 전개했다. 국회의원 전진한이 국 회본회의장에서 파업 단행을 선언하고 이에 반박하는 특별담화를 대 통령 이승만이 발표할 정도로, 이 조방 쟁의는 "대한민국 수립 후 가장 치열하고 또한 가장 대규모의 쟁의"였을 뿐만 아니라 현대 한국 노동 운동의 분수령을 이룬 사건이었다.

특혜의혹이 제기되는 가운데 조방은 결국 강일매에게 불하되었으 며, 1959년 10월 강일매가 사망하자 삼호방직(사장 : 정재호)에 인수되었 다. 그러나 정재호는 부정축재환수금 납부에 급급하느라 조방 운영을 정상화하지 못했다. 결국 1968년 부산시가 조방을 인수하여 8만 평의 부지를 불하함으로써 범일지구재개발사업이 기공되어 주변 무허가 건 물과 공장이 철거되고 자유시장과 평화시장, 부산시민회관과 한양아 파트 등이 들어섰다.

조방 공장은 역사 속으로 사라졌지만, '조방 앞'이란 지명은 남았다.

1969년 범일동 일대.
중앙의 타원형 동산이 자성대이고, 좌측이 조방 터이다.
(동구 50년사 편찬위원회, 『동구50년사』, 2008)

조방은 부산의 대표적 기업이었고 따라서 한국 노동운동사의 획을 긋
는 중요한 쟁의들이 이곳에서 발생함으로써, '조방 앞'은 여공들의 치
열한 투쟁과 이를 저지하는 경찰의 폭력적 진압이 대결하던 역사적
공간이었다. 그런 점에서 '조방'이란 공장은 사라졌지만 부산의 역사로
기억되는 '조방'은 오늘날 버스정류장 이름으로 혹은 '조방돼지국밥',
'조방낙지' 등의 상호로 남았다. 아마도 서민들이 즐겨 찾는 돼지국밥
이나 낙지볶음 등의 상호에 조방이란 명칭이 유독 많은 것은 조방 주변
좌천동, 범일동 일대가 1960년대까지 부산의 대표적인 공장지대여서
직공들이 즐겨 찾는 메뉴였기 때문일 것이다.

　1970년대 이후 부산의 외곽이었던 조방 터는 경남 일대 상인들이
자유시장이나 평화시장으로 물건을 도매하기 위해 몰려드는 부도심
상업공간으로 변모되었다. 그리고 십여 개의 예식장이 몰려 있어 주

말이면 교통체증을 빚는 번화가가 되었다. 그러나 재래시장이 쇠락하면서, 부산시와 동구는 옛 조방 일대의 상권 활성화를 위해 국비와 시비 100억 원을 투입하여 2015년까지 조방거리 추억거리 문화거리 등 3개 특화거리를 조성한다고 밝혔다. 부산은행 본점부터 자성대 앞을 지나 범일교차로에 이르는 곳을 '조방거리'라고 명명하고, 전신주를 지중화하며 LED전광판을 설치해 명품거리로 만든다고 한다. 하지만 여공들의 한숨과 함성이 교차했던, 역사적으로 기억되는 조방거리와 재현되는 조방거리는 한참 비껴가는 것 같다.

지배하는 자와 지배받는 자의
한국전쟁 임시수도

차철욱

임시수도에서 벌어진 권력쟁탈전

1952년 5월 26일 오전, 경남 도청(현 동아대 부민캠퍼스) 앞을 지나던 사람들은 흥미로운 구경거리에 눈을 고정시키고 있었다. 국회의원을 태운 출근버스가 정문을 들어서 국회의사당으로 사용되던 무덕전을 코앞에 두고 헌병들에게 둘러싸여 있었다. 오후 2시가 되자 크레인이 앞에서 끌어보고, 뒤에서 끌어보아도 버스가 움직이지를 않았다. 운전대를 잡은 사람이 끌려가지 않으려고 기어를 이리 넣었다 저리 넣었다 하면서 발버둥을 쳤기 때문이다. 그러자 크레인은 버스 뒷바퀴를 들어 올려 끌고 갔다. 약 5시간 동안 버스의 동태를 살피던 군중들은 사건의

1952년 4월 13일 진해 이순신장군 동상 앞에서 연설하는 이승만
(국가기록원 역사기록관 제공)

내막은 알지 못한 채 크레인에 끌려가는 버스만 흥미롭게 바라보았다. 이 사건이 임시수도 부산에서 벌어진 소위 '부산정치파동'의 출발이었다.

1952년 이승만정권은 국회의원에 의한 간접선거로는 대통령에 당선되기 어렵다고 판단하고 국민 직접선거에 의한 대통령선거를 위한 헌법 개정을 시도하였다. 하지만 다수를 차지하던 반 이승만세력 때문에 개헌안은 143대 9로 부결되었다. 이승만은 창피스러워하기보다는 오히려 장기집권 시나리오를 만들기 시작했다. 정치자금을 확보하기 위해 '중석불 사건'을 조작했다는 소문이 파다했다. 당시에는 달러가 귀했다. 정부가 보유한 달러를 무역상에게 불하하면서 거액의 정치자금을 챙겼다. 그리고 임진왜란 360주년을 기념해 이순신과 이승만을 동일한 극난극복의 위인으로 만들려는 이미지화 작업을 시작했다. 벚꽃 피는 봄날 해군기지가 있는 진해에서 이순신장군 동상을 제막하였다. 1980년대 민주화운동 때 데모진압으로 활개를 치던 백골단의 원조가 반 이승만세력을 힘으로 제압하는 행동대원으로 등장한 것도 이때였다. 백골단, 땃벌떼라 불리던 정치깡패들은 매일같이 국회의원들을 상대로 데모를 벌였다. 이 데모를 잘 막았다고 내무부장관과 차관의 목이 날아가는 웃지 못할 일들도 벌어졌다. 시나리오의 정점은 국회 출근버스가 크레인에 매달려 가던 그날 0시 계엄령 선포였다. 국회의원을 잡는다는 소문이 퍼지자 국회의원들 가운데는 몸을 숨기느라 정신없었다. 이런 엄청난 소란에도 불구하고 이날 언론은 "후방 잔비 조속 소탕이 목적"이라는 국방장관의 계엄령 담화문 발표를 그대로 옮겨다 실었다. 정부의 국회의원 소탕작전은 언급조차 되지 않았다. 정치파동은 39일 뒤 직선제로 헌법을 개정하고 이승만을 8년 더 권좌에 앉아 있도록 만들었다.

임시수도의 또 다른 모습들

한편 임시수도 부산에는 부모와 고향을 등지고 피란 온 사람들로 넘쳐났다. 대통령이 살고 있는 임시수도 부산이 가장 안전한 곳인 줄 믿었다. 이것도 마음대로 되지 않아 많은 피란민들은 부산으로 들어오지 못하고 인근 지역에서 전쟁이 끝날 때까지 기다려야 했다. 부산의 기반시설이 부족하다는 게 이유였지만, 혹시 이북에서 내려오는 피란민들 가운데 불순 세력이 섞여있을지 모른다는 대통령의 불안 때문이었다. 재수가 좋아 부산으로 들어왔다 해도 거제리에 있던 포로수용소에서 사상검증을 받지 않으면 안 되었다. 여기서 노동당원으로 확인되면 곧바로 포로수용소에 감금되었다. 임시수도에 발을 들여놓기가 그만큼 힘들었다. 설령 임시수도에 들어왔다 하더라도 국가로부터 제공받을 수 있는 것이 거의 없었다. 수용시설의 부족 때문에 찬이슬을 피하기 위해서는 불법으로 판잣집을 지어야 했고, 생필품을 마련하기 위해 미군부대에서 물건을 훔치거나 밀수품에 손을 대지 않을 수 없었다. 백성들이 범죄자가 되는 판이었다. 하루하루를 연명하던 피란민들에게는 국회 통근버스가 끌려가든, 국회의원들이 도망을 치든, 이승만대통령이 장기집권을 하든 다 남의 일이었다.

이승만 정권에 쫓겨 도망 다니거나 협박에 못 이겨 개헌에 거수한 국회의원들에게 임시수도 부산은 포화속의 전선 못지않은 피비린내 나는 싸움터였다. 급작스런 피난으로 가장 안전하다는 곳을 찾아온 피란민들 또한 임시수도는 그들이 상상하던 안전망이 아니라 추위와 굶주림에 떨어야만 하는 장소였다. 최후방 임시수도가 아니라 목숨줄이 왔다 갔다 하는 최전선이나 다름없었다.

임시수도를 다시 기념한다

역설적이게도 부산은 한국전쟁과 복구에 기반하여 우리나라 최대의 수출중심도시로 성장하였다. 하지만 1980년대 신군부가 등장하자 부산 경제의 자존심이었던 기업들이 정치적 희생을 당했다. 경제적 중심에서 멀어지는 허탈감을 채워줄 뭔가가 필요하였다. 임시수도의 환생이었다. 1984년 부산시는 한국전쟁 당시 대통령 관사를 임시수도기념관으로 개관하였다. 약 60년간 경상남도 도지사관사였던 기억은 깡그리 없앤 채 오직 '임시수도'만을 전시하였다. 당시 언론 기사 한 토막을 인용해 본다. "부산시는 6·25 당시 이승만 대통령이 민족의 아픔을 몸소 체험하고 수도 탈환과 북진통일을 염원하던 당시의 생생한 역사적 유물, 기록, 관련기사, 사진, 화보 등을 전시, 산반공교육장으로 삼기로 했다." 1984년 부산시가 재현하고 싶었던 임시수도는 이승만 대통령의 통일에 대

피난민들의 생활근거지였던 40계단(문진우 제공)

한 염원과 소박한 생활만이 강조되었고, 부산에서 얻었던 권력이나 내팽개쳤던 백성에 대한 이야기는 완전히 사라졌다.

　이후 임시수도기념관은 일시적이나마 이 나라의 중심이었던 수도, 국난을 극복한 대통령이 거처했던 곳을 선전하는 공간이 되었다. 기념관 주변은 '임시수도기념로'라는 새 도로명 주소로 명명되었고, 이 거리에 벽화와 화분 거리가 조성되었다. 부산시에서는 임시수도기념관을 주요 관광코스로 만들었다. 절정은 황금색으로 치장된 이승만대통령 동상의 등장이었다. 이곳은 한때 이승만 대통령이 살았고, 부산이 잠시나마 한국의 중심이었음을 확인하는 공간으로 만들어졌다. 기

넘관을 설명하는 안내원도 이승만 대통령과 프란체스카 여사의 연애담으로 관광객들의 관심을 끌고 있다.

2011년 6월 어느 날 아침, 임시수도기념관 앞에 설치된 이승만대통령 동상에 붉은 페인트가 뿌려졌다. 경찰에서 범인을 잡기 위해 페인트 판매상들을 탐문을 했으나 완전범죄로 끝났다. 이 사건은 한국전쟁 당시 임시수도가 북진통일을 고집하던 대통령만이 아니라 장기 독재정권을 갈망하던 정치인과 국가로부터 뒷전으로 몰려난 백성들의 삶이 함께 기억되고 있다는 사실을 잘 보여준다.

이중섭 거리와 임시수도

범내골 옛 보림극장 뒷골목에 이북 피란민이 60년 전 문을 연 할매돼지국밥이 있다. 돼지국밥의 맛이나 산동네로 향하는 골목길 분위기가 한국전쟁 피란민 마을을 떠올리게 한다. 몇 발자국 올라서면 2014년 봄에 완성된 '이중섭 거리'에 들어서게 된다. 성북고개로 향하는 긴 골목에는 이중섭의 일대기, 작품, 부인에게 보낸 편지 등이 연출되어 있다. 이중섭을 기억하려는 노력은 부산만이 아니다. 서귀포, 통영, 대구 등 당시 이중섭이 거쳐 갔던 곳은 사정이 비슷하다.

임시수도 부산은 전시임에도 불구하고 문화의 르네상스 시대였다. 전국구 문화인들이 모였다. 특히 화가들은 수시로 전시회를 열어 부산

이중섭 거리(필자 촬영)

을 문화도시로 만들었다. 그렇지만 전쟁이 끝나자 임시수도의 고달픔을 잊고 싶은 화가들은 그들의 수도로 되돌아갔다. 이들을 따르는 부산 화가들도 적지 않았다. 하지만 모두 그런 것은 아니었다. 부산을 지키고 부산을 그리면서 평생을 부산 사람으로 살았던 화가들도 많았다.

부두 노동자로 고생한 이중섭은 가족과 헤어져 고독한 삶을 살았지만, 60년이 지난 지금 엄청난 환영을 받고 있다. 평생 부산을 그린 부산 화가는 박물관 수장고에서나 만날 수 있다. 이중섭 거리를 생각할 때 임호의 거리, 양달석의 거리도 생각할 수 있었으면 한다.

가깝고도 먼 지성소 공간, 유엔기념공원

장세룡

부산문화회관 앞에 서면, 번화한 도심에 둘러싸인 거대한 묘지가 내려다보인다. 부산광역시 남구 대연4동 779번지에 소재하는 유엔기념공원이라고 불리는 이 기념묘지는 민족분열이라는 뼈아픈 자충수와 국제적 이념대립이라는 전지구적 충돌이 점화한 결과 발생한 한국전쟁이 한반도 남쪽 항도 부산에 만들어낸 상흔이며 다국적 추모공간이다. 이 공간은 한국전쟁기에 부산이 1,000일이 넘도록 임시수도로서 국내 정치의 중심지 역할을 했을 뿐 아니라 유엔한국통일부흥위원단UNCURK과 유엔한국재건위원단UNKRA 등 유엔 소속 기구의 활동근거지이자 미국대사관과 미군사령부 등의 전쟁본부가 주재하며 외부와의 소통중심지 역할을 감당한 산물이다. 부산은 전쟁 수행에 필요한 원조물자와 '유엔군'이 외부에서 반입되고 전선으로 투입시키는 중개기지로서 핏빛 전쟁에 광기의 생명을 불어넣는 심장의 역할을 수행했다. 그 심장에는 수많은 피란민뿐 아니라 대학과 지식인 및 문화예술인들이 피난처로 삼아 가냘픈 생명을 유지했다. 그러나 부산은 생존자들만의 피란처가 아니었다. 낯선 땅에서 숨진 참전 21개국 전사자들의 시신들도 함께 도착했다. 한국전쟁은 초반에 매우 급속한 진격과 후퇴가 반복적으로 진행되었기 때문에 전사자 수송과 매장 처리가 매우 어려운 상황이었다. 중공군 개입 후 전선에서 밀린 유엔군은 후퇴하면서 미군사상자는 배편으로 일본으로 이송하고, 다른 연합군 전사자는 단일한 군사묘지에 집결시켜 매장하기로 결정했다. 그 결과 1951년 1월 18일 철로가 연결된 우암동 부두와 가깝고 비교적 평탄한 농지였던 지금의 남구 대연동인 당곡 마을이 묘지부지로 선정되었다. 그

러나 막상 50여 명의 지주에게는 토지보상금을 1956년에 가서야 재무부에서 지불했다.

그 결과 면적이 4만여 평에 우리가 일반적으로 유엔묘지라고 부르는 대규모 '공동묘지necropolis'가 조성되었다. 이 묘지에 매장자는 통 털어서 4만 명 정도이고 지금은 11개국 2천 3백 명이

1954년 당시 유엔묘지
(Clifford L : Strovers, 『칼라로 만나는 1954년 Korea』, 두보, 2011)

잠들어 있다. 이 묘지의 특징은 1959년 11월 6일 한국정부와 유엔 간에 체결된 '재한 국제연합기념묘지의 설치 및 유지에 관한 대한민국과 국제연합간의 협정'에 따라 토지소유권이 '영원히 무상'으로 유엔에 기증된 것이다. 그 결과 처음에는 묘지 관리를 언커크가 맡았다가 1974년 2월 16일부터 현재까지는 '재한유엔기념공원 국제관리 위원회CUNMCK'가 관리주체로서 소유권을 가진 '치외법권적 외국영토'라는 위상을 가진다는 사실이다. 이렇게 된 배경에는 당시 유엔군이라고 알려진 참전군이 절차상이나 구성면에서 현재의 유엔이 세계 각국의 분쟁지역이나 재난지역에 공식적으로 파견하는 평화유지군Peace Keeping Forces과는 달리 일본에 소재하는 맥아더 장군의 미국 극동군 사령부가 전권을 행사하는 다국적군에 가까웠던 사실에서 비롯한다. 협정에 따르면 유엔기념공원이 소재하는 영역은 한국정부의 행정력이 미치지 못하는 불가침의 영역이며 국제관리위원회는 추모분위기를 해치는 활동을 견제할 수 있다. 1960년대에 용호동에 동국제강을 설립할 당시에 기념묘지 관리처는 추모분위기 손상과 저해 가능성을 이유로 삼아 설립 저지에 나섰던바 당시의 대통령까지 개입하는 사태를 초래했다. 그러나 사실 국제관리위원회는 조직적으로 유엔과는 무관한 기구이고, 다만 유엔기념공원에 전사자가 안장된 국가의 대표들로 구성된다. 국제관리위원회는 유엔기념공원의 운영과 관리를 사실상 총괄하는 대사급의 한국인 관리처장을 임명하고 매년 1회 유엔의 날(10월 24일)을 전후하여 총회를 개최한다. 관리비용은 언커크가 관리하던 시기에는 대부분 미국과 유엔이 부담했지만 2005년에 국제관리위원회 체제로 이관되고 나서는 한국정부의 부담금이 계속해서 증가하다가 2001년부터는 실제

현재의 유엔기념공원(양흥숙 제공)

로는 대부분(약 90%)을 부담한다. 2005년에는 2006년 부산에서 개최되는 APEC 정상회담 개최를 계기로 특별예산 36억 원을 지원하여 대대적인 개보수를 실시하였다. 전몰장병 추모명비와 각국의 기념비를 비롯한 신규시설을 대거 설치하고 녹지를 재단장하고 재정비를 실시하는 등 면모를 일신했다.

그러나 일견 국제적 위상을 가진 듯한 유엔기념공원의 위상은 결코 확고하거나 고정되어 있지는 않다. 2001년 국문 명칭을 유엔기념공원으로 변경하고 도심 한 가운데 녹지가 가진 환경친화적 측면을 강조하고 2007년 근대문화재로 등록했으며 2010년에는 유엔평화문화특구로 결정했다. 그럼에도 불구하고 1955년 한국국회와 유엔의 결의로 표기한 영문 명칭 재한유엔기념묘지United Nations Memorial Cemetery in Korea는 그대로 사용된다. 유엔기념묘지에는 안장자가 가장 많았던 1951년과 1954년 사이에 약 11,000기의 묘지가 있었으나 벨기에, 룩셈부르크, 콜롬비아, 에티오피아, 그리스, 필리핀, 태국, 그리고 무엇보다 전사자가 가장 많은 미군(36,492명)은 시신을 모두 본국으로 이송했다. 다만 미국은 1961년~74년에 사망한 퇴역군인과 군속 36구를 안장하여 현재 11개국 전사자가 묻혀있다. 안장율은 프랑스(안장자 44/전사자 270 : 안장율 16%), 남아공(11/37 : 30%), 노르웨이(1/3 : 33%), 터키(462/1,005 : 45%)는 낮고 네덜란드가 가장 높다(117/124 : 95%). 영연방국가 오스트레일리아(281/346 : 81%), 캐나다(378/516, 81%), 뉴질랜드(34/41, 82%), 영국(885/1,177, 75%)의 안장율이 높은 것은, 대영제국의 전사자를 해당 지역에 매장하던 제국정책과 연관 있다. 프랑스, 네덜란드, 영국은 분쟁지역 개입 시 식민지 출신 용병부대를 핵심적으로 운용하였으므로 미귀환 안장자 가운데는 그들의 비율이 높을 것이라고 추정한다.

유엔기념공원으로 불리는 이 '망자 도시'는 부산시민들에게 이중적인 심리적 기제를 제공한다. 하나는 유엔이라는 전지구적 국제기구와 한국과의 밀접한 연관 관계를 상징하는 너무나 존엄하여 가깝고도 먼 '지성소 공간'으로서 자리 잡고 있다. 그러나 한편 최근 대연동 일대의 도시 공간 지형의 변화가 급속하게 진행되면서 시민들의 개발욕구가 은연중에 투사되는 '욕망의 공간'으로 변화하는 양상을 보이고 있다. 묘지 주변에 해안매립과 시가지 개발로 고층빌딩과 아파트, 공업지대, 위락시설 특히 대학교를 비롯한 각급 학교와 박물관 및 문화회관 같은 다중 이용 공간의 건립이 증가하면서 유엔기념공원 측에서는 정숙한 추모 분위기 손상을 우려하고 있다. 반면 주민들은 주거지역에 소재한 묘지에 정서적 거부감과 주변건축물 고도제한 규제에 불편함을 호소하고, 광대한 부지가 지역의 개발을 막고 있다는 경제적 이익계산 논리가 상호작용하며 묘지이전에 관한 여론도 제기되고 있다.

부산남구유엔평화특구

최근 유엔기념공원은 도시경쟁력 강화를 위해 역사상의 부정적 문화유산에도 관심을 가지는 '다크 투어리즘dark tourism'의 일환으로 관광 문화재로 발굴되었다. 유엔기념공원의 공원화 사업은 묘지 주변까지도 공원화하는 사업을 촉진시켰다. 유엔조각공원, 부산시수목전시원, 유엔평화공원이 인접한 부지에 조성되었고, 2010년에는 이 지역 일대를 '유엔평화특구'로 지정하며 '평화산업'에 동원하고 있다. 이와 같이 '묘지의 공원화'를 넘어서 '특구화'로 까지 나아간 배경에는 한국전쟁에 대한 국제사회 나아가 지역사회의 급속한 인식변화와 연관이 있다. 그러므로 특구 지정이 표방하는 평화가 여전히 낡은 이념적 틀에 매몰되어 유엔군이 참전하여 '승리한' 전쟁이 가져온 평화라고 의미를 한정한다면 유엔기념공원의 미래는 남북문제의 진전과 아시아 평화에 기여하는 바가 극히 축소될 것이다. 유엔기념공원의 가치는 공식적으로 표방하는 이념으로 한정되지 않고 부산이라는 도시공간에서 정치, 사회 및 문화적 전망의 생성과 연동되어 결정될 것이므로 그것이 차지하는 위상학적 지위를 더욱 더 확장시킬 필요가 있다. 예를 들자면 우리는 이곳에 묻힌 젊은이들 가운데 일부는 용병 출신으로 추정되며 타국에서 벌어진 현대 이념전쟁이 자행한 부조리한 폭력에 말려든 희생자라고 판단한다. 그러므로 그 희생자들을 인간의 보편적 가치와 연결시켜 부각시키고 현대 한국사회가 이념, 국가 및 산업화의 이름으로 희생시킨 이들을 애도하는 장소와 연계시켜 인간의 권리와 존엄을 재사유하는 민주주의 교육의 장으로 활용한다면 공간적 의미가 더욱 확장될 것이다.

베트남 파병과 부산의 두 기억, 부산항 3부두와 난민보호소

이유혁

한국군의 베트남전 파병은 박정희 정부의 파병 제안과 당시 국제정세의 변화에 따른 월남과 미국 정부의 요청에 따라 이루어졌다. 외적으로는 '전 아시아 평화와 안보수호의 집단적 안전보장에의 도덕적 책임', '6·25 때 입은 자유 우방국에의 은혜에 대한 보은' 등과 같은 정치적 슬로건과 수사를 내걸었다. 하지만 보다 근본적으로 당시 한국과 미국 정부가 처한 복잡하게 얽힌 대내외적 정치적 상황과 이를 해결하고자 하는 이해관계가 더욱 밀접하게 관련되어 있었다.

1964년 파병을 시작하여 1973년 완전히 철수할 때까지, 연간 최대 5

부산항 제3부두에서 열린 베트남 파병 환송식에서 장병들이 도열해 있다.
(국가기록원 역사기록관 제공)

만 명, 총 32만 명 이상의, 미군 다음으로 가장 많은 수의 한국의 젊은 군인들이 베트남전에 참여하였다. 한국군의 베트남 파병에 관해 이야기할 때, 국가적인 차원에서 그것이 얼마나 국제사회에서 한국의 위상을 드높였고, 한국 경제 발전에 기여했는가를 종종 언급한다. 하지만 동시에 기억해야 할 것은, 이는 다름 아닌 사망자 5,000명 이상, 부상자 1만 1,000명 이상이 발생한, 수십만 젊은이의 목숨을 담보로 성취된 것이었으며, 그들은 자신이 경험한 신체적, 정신적 고통에 대해 전후에도 국가로부터 제대로 된 보상이나 돌봄을 받지 못하였다는 사실이다. 또 우리에게 주입된 용맹스러운 한국 군인들의 모습 이면에는 베트남 민간인 학살 등과 같은 추악한 모습이 숨겨져 있었다.

부산항 3부두, 눈물 자국 선연

환송식 도중 쉬는 시간에 한 여학생이 장병의 수통에 음료수를 채워주고 있는 모습
(국가기록원 역사기록관 제공)

　　부산에서의 베트남 파병의 기억과 관련하여 두 장소 부산항과 부산
에 위치했던 베트남 난민보호소를 떠올려 본다. 첫째, 부산항 제3부두
(북항). 새로 지은 부산역에서 바라다 보이는 이곳, 현재 재개발사업이
한창 진행 중이고, 이미 완공된 화려한 부산항대교가 바라다 보이는
이곳에서 수많은 젊은 군인들이 집결하여 미지의 땅 베트남으로 가는
모습을 상상해본다. 기록으로 남아 있는 비디오를 보거나 몇몇 기록

사진들을 살펴보지만, 거기에는 거창하고 화려하게 포장된 모습만 담겨 있거나 순간적으로 포착된 군인들의 정지된 모습만이 있을 뿐이다.

어느 베트남전 참전 군인의 증언에 의하면, 전쟁터로 떠나기 전의 '환송식'이 열린 부산항은 한쪽에서는 동원된 중고교생들이 파병 환송식 플래카드를 들고 국기를 흔들며 노래를 부르고 팡파르 속에서 화려하고 떠들썩한 모습을 연출했지만, 동시에 다른 한쪽에서는 떠나는 사람과 보내는 사람이 나뉘어 울고불고 난리였다고 한다. 그래서 이곳 부산항은 그들의 눈물 자국이 선연한 곳이라고 하였다.

그러나 그들이 흘린 눈물은 여기서 끝나지 않는다. 그들이 눈물을 흘리며 떠난 부산항으로 그들은 또한 돌아왔다. 그 당시 베트남 참전 군인 '환송식'에 동원되었던 한 중학생이 그의 회고에서 제기하듯, 자신을 비롯한 많은 학생들이 '환송식'에만 동원되었을 뿐, 한 번도 참전 군인들의 '환영식'에는 동원되지 않았다. 떠들썩하고 화려하지만 동시에 하염없이 눈물을 흘리며 떠난 바로 그곳으로 상당수의 군인은 싸늘한 주검이 되어 돌아왔고, 더 많은 군인이 정신적, 육체적 상처와 고통을 안고 돌아와야 했다. 그래서 다시 한 번 부산항은 돌아오는 자들과 조용히 그들을 맞이하는 자들의 눈물 자국이 선연한 곳이 되었다.

최근 부산항 북항재개발 사업 진행과 함께 이곳의 장소적 가치와 의미를 재정립하고 연관된 역사적 기억들을 의미 있게 되새기고 후대에 남기고자 하는 움직임들이 진행 중이다. 일단의 베트남전 참전 군인들이 부산항에서의 베트남전 파병 행사를 재연하였고 베트남전 참전 기념 광장 또는 파병 광장 조성의 필요성을 제기하였다. 이것들은 의미 있는 기획들이다. 그러나 몇몇 '중심적이고' 잘 알려진 이야기들만이 기억되고 재연됨으로써 '주변적'이거나 숨겨져 왔던 이야기들이 더욱 배제되고 억압될 수 있음이 우려된다.

베트남 난민보호소는 잊혔다

둘째, 부산의 베트남 난민보호소. 베트남 난민을 실은 배가 부산항에 처음 도착한 1975년에 시작하여 1993년까지 2,800명 이상의 베트남 난민이 우여곡절 끝에 부산의 난민보호소로 들어왔다. 당시 베트남 난민들은 부산항뿐만 아니라 전국 각지의 항구를 통해 국내로 들어왔다. 그러나 결국에는 모두 부산의 난민보호소로 보내졌고 이들 중 일부만 한국에 남았으며, 대부분은 1년에서 8년에 걸쳐 이곳에 머무르다가 영구 거주를 위해 그들이 원하는 제3국으로 떠났다.

부산이 베트남 난민들을 위한 보호소로서 중요한 역할을 하게 된 데에는 베트남 난민들이 가장 처음으로 부산항으로 들어왔다는 사실과 함께 여러 입지 조건들과 과거의 피란민 수용의 경험 등의 요인들이 작용하였다. 조그마한 배에 몸을 싣고 바다를 떠다니다 가까스로 구조된 베트남 난민들이 상당한 기간을 부산에 머무르며 경험한 것들이 그들의 기억 속에 얼마나 의미 있게 각인되었을 지를 짐작해본다.

그러면 그들은 우리에게 무엇이었으며 우리는 그들을 어떻게 기억하는가? 조그마한 배에 수많은 사람들이 몸을 싣고서 목숨을 구하기

위해 구조를 요청하는 '보트피플boat people'의 이미지가 많은 이들의
뇌리에 각인되었다. 공산화된 베트남을 탈출한 그들은 박정희 정권에
의해 동원되어 반공의식, 총력안보, 국론통일의 중요성을 국민에게 주
입하는 데 요긴하게(?) 이용되었다. 이는 그들에 대한 단편적이고 부정
적인 이미지를 형성하였고, 그 이면에 있는 그들의 생존을 위한 일상
의 투쟁과 난민보호소 등에서의 삶의 모습들은 많은 이들에게 가려짐
으로써 기억의 단초를 찾기가 쉽지 않다.

지금 베트남 난민보호소는

─흔적 없이 지워진 난민, 기억을 닫아버린 부산

베트남 난민보호소가 위치했던 곳을 찾아갔다. 현재 그곳은 멋진
공원으로 꾸며져 있고, 고층 아파트 단지로 둘러싸여 있으며, 바로 앞
에는 화려한 부산 영화의 전당 건물이 들어서 있다. 난민수용소와 연
관된 어떤 의미 있는 흔적을 찾기란 불가능한 일이다. 이런 현실이 부
산에서 (더 나아가 한국에서의) 베트남 난민과 관련된 역사 인식이 어떠한
지를 보여준다. 그들은 주변 중에서도 주변에 불과하며 그렇게 힘써
기억해서 남길 필요조차 없는 그런 것. 오직 직·간접적으로 관련이 있
는 극소수의 사람들만이 기억하는 그런 것. 기록 사진이나 비디오 등
의 자료를 힘들여서 찾고 뒤져야만 그것의 흔적을 되새길 수 있는 그

위 베트남 난민보호소에 들어가려는 베트남 난민들의 대기 행렬(국가기록원 역사기록관 제공)

런 것 정도 이상은 아닌 것으로 간주될 뿐이다.

부산과 베트남 파병의 기억은 상당수의 사람들이 힘써 영광스럽게 오래 기억하고자 하는 것에 속한다고 한다면, 부산과 베트남 난민과 난민보호소의 기억은 주변으로 밀려나 거의 지워진 오직 관련된 소수의 기억 속에만 희미한 흔적으로 남아 있을 뿐이다.

이러한 두 기억을 동시에 배치해 기억하고자 한 것은 한 지역의 장소성의 특징이 본질적으로 단수적이고 닫힌 것이 아니라 복수적이고 열려 있음을 생각해 보고자 함이다. 한 지역 또는 공간의 복수적이고 다층적인 의미 구성의 특징은 우리 기억의 지향점이 현재를 중심으로 과거를 향할 뿐 아니라 동시에 미래를 향하여 더욱 열려 있을 때 그 가능성이 확장된다. 도시의 공간은 역사적 사건들이 쓰이고 지워지고 잊히고 또 다시 쓰이는 그런 다층적인 역사의 흔적들이 남아 있는 공간이기 때문에, 언제 어떻게 누가 무엇을 왜 기억하느냐 하는 것, 즉 기억의 정치학이 결국, 중요한 과제로 남게 된다.

기억과 망각이 충돌하는 하야리아 부대

차철욱

우리 땅, 저거들 공원

하야리아 부대가 부산시로 반환되기 전까지 필자에게 이 부대는 미군에 점령당한 우리나라 땅의 일부였다. 높은 담벼락과 그 위에 둘러쳐진 철조망은 반미운동의 목소리를 차단하는 방음벽과 같았다. 미국과 관련이 많았던 한국의 정치적 사건, 불균등한 한미 간 무역 분쟁 혹은 압력, 미군들의 횡포로부터 국민이 희생당할 때면 부대 앞에서는 '양키 고 홈'의 목소리가 들리던 곳이었다. 우리 경찰이 하야리아 부대로 통하는 길을 차단하고, 사람들이 접근하는 것조차 두렵게 만들었다. 하야리아 부대는 2차세계대전 이후 미국에 의한 세계지배질서가 한국에 관철되는 현장이자 축소판이었다.

　반면 하야리아 부대 안에서는 미국식 문화를 경험하는 한국인들로 북적였다. 부대 안 클럽에서 패티김의 노래를 들으면서 싼 가격으로 스테이크를 썰었다. 빠징코 경험도 할 수 있었고, 영화관에서는 '가위질'되지 않은 '오리지널'을 볼 수 있었다. 부대 경험을 한 것은 대단한 자랑이었다. 한국 최고의 가수들은 미군부대의 무대를 거쳐 탄생하였다. 많은 미국 노래가 이들의 목소리로 젊은이들을 매료시켰다. 담장 안과 밖의 공기가 이렇게도 달랐다. 한쪽에서는 반미를 외치고 다른 한쪽에서는 미국문화에 환호했다.

미군부대와 마을 사람들

　가을의 기분도 느낄 틈새 없이 찾아온 2013년 초겨울에 시민공원 조성이 한창인 옛 하야리아 부대를 찾았다. 정확히 말하면 하야리아 부대라기보다 공원조성에 애물단지였던 범전2동 본동마을을 보고 싶었다. 그런데 도로 주변 몇몇 상가건물을 제외하고는 본동마을은 흔적도 없이 사라져버렸다. 백양산 계곡물로 농사를 짓던 마을 주민들이 일제강점기에는 일본인들이 운영하는 경마장에게, 한국전쟁 이후에는 하야리아 부대에게 그들의 농토 대부분을, 지금 만들어지는 시민공원에게 집터마저 내 주고 공중분해 되어 버렸다. 이렇게 마을의

해체되기 전 하야리아 부대 내부 모습(문진우 제공)

기억, 아니 부산의 기억이 쉽게 지워질 수 있구나 하는 아쉬움에 철거된 마을의 잔해를 모아둔 쓰레기 더미를 향해 셔터를 눌렀다. 이런 흔적마저 공개되기를 싫어하는 철거회사 직원이랑 실랑이가 벌어졌다.

본동마을은 부대에서 서면 방향의 출구에 위치한 마을이다. 부대 출입구로 향하는 도로변에는 상가건물이 줄을 지어 있었다. 미군이 빠져나간 뒤라 인적은 드물었으나 과거 미군이 많았을 때의 흔적을 짐작할 만하였다. 'VICTORY' 'HONG KONG CUSTOM TAILOR' 'ORIENT GIFT SHOP' 등 영어로 표기된 낡은 간판들이 흡사 미국의 어느 상가를 온 느낌이었다. 영업하고 있는 가게 주인들은 대부분 수십 년을 이곳에서 미군을 상대로 생활한 사람들이었다. 미군에게 양복을 맞춰주고, 기념품을 팔았다. 1970, 80년대 군사훈련 때문에 항공모함이라도 들어오면 이곳은 전국에서 모여든 미군 상대 장사꾼들의 임시장터가 되었다.

이 거리 뒤편으로는 좁은 미로들로 이어져 있다. 갈림길로 잘못 들어서면 완전히 방향감각을 잃어버리기 일쑤다. 색이 바랜 기와지붕,

본동마을의 주택(필자 촬영)

수십 년은 족히 되어 보이는 감나무 등에서 마을의 시간을 읽을 수 있다. 일제강점기 경마장에서 말 달리는 구경을 했다는 할아버지, 경마장 매표소에서 표를 팔았다는 할머니들의 이야기에서 더 깊은 마을의 기억을 찾을 수 있었다. 집집마다 넓은 마당에는 반드시 아래채가 있었다. 미군이 들어온 뒤 한국인 여자, 소위 양색시와 살림을 차린 미군들에게 세를 줄 목적으로 한 칸의 방이라도 더 넣었다. 부대가 들어오자 마을 사람들의 경제생활에 적잖게 도움이 되었다. 한국전쟁 당시 마을 사람들은 미군이 맡기는 세탁, 마을 사람들 말로 '론더리'로 생계를 이어갈 수 있었다. 마을 어린이들에게도 미군은 초콜릿, 츄잉껌, 씨레이션 등 처음 먹어보는 먹거리를 제공하는 은인이었다. 지금처럼 담장이 제대로 만들어져 있지 않을 때에는 부대 안으로도 자유롭게 출입할 수 있었다. 미군들이 하던 야구를 보면서 야구 규칙을 익히기도 하고, 야구 장비를 다루면서 야구에 흥미를 가지기도 하였다. 하야리아 부대는 마을 사람들의 삶과 떼어 놓을 수 없었다.

미군물자의 유출과 부산 경제

하야리아 부대는 주한미군이 사용할 물자를 미국에서 공수해 오면 임시 보관하였다가 전국의 미군부대로 공급하였다. 하야리아 부대의 미군물자는 공식적 비공식적으로 흘러나와 부산 경제의 한 축을 만들었다. 서면 공구상가를 토대로 한 부산 기계공업과 국제시장과 깡통시장의 발생사가 여기서 빠져나온 물자와 관련 있다는 이야기는 부산 사람이면 상식이 되었다. 하야리아 부대 물건이 부산으로 흘러나오는 이야기는 이 마을에서 어렵지 않게 들을 수 있다. 부대에서 근무하는 군무원이나 카튜사와 같은 군인들이 하나 둘 들고 나오는 휴지나 오렌지들이 유통되기도 하였으나, 양공주와 중간상인 아줌마들이 국제시장과 깡통시장을 좀 더 국제적인 이미지로 만든 공로자인 셈이다. 물론 이들에게는 지켜야할 상도덕이 있었다. 각자 취급하는 전문 상품도 있었다고 한다. 의약품과 식료품들이 일반적이었다. 이들은 항상 단속반의 감시망에서 자유로울 수 없었다. 마을 주민들이 택시를 이용해 국제시장에 내리면 단속 공무원들은 미리 알았다는 듯 기다리고 있는 경우도 있었다. 밥값을 쥐어주면서 달래보기도 하고, 달려들어 싸워보기도 하고, 이것도 안 되면 빌면서 살려달라고 애원을 하기도 하였다. 마을 청년들이 시내로 향하다가 갑자기 달려드는 공권력으로부터 몸수색을 당하는 것도 다반사였다. 양담배 운반책을 단속한다는 명분이었다.

1970년대 청소년기를 보낸 마을의 어느 중년 아저씨는 자기 집에 고등학교 친구들을 데리고 온 적이 없다. 집이 어디냐는 질문에 그냥

서면이라고만 말한다. 평생을 이곳에서 생계를 꾸려왔던 할머니는 양색시들의 풍기문란을 부끄러워하는 딸들의 요구로 몇 번이나 마을을 떠날 결심을 했다. 그러면서도 생일 때면 하야리아 부대에 들어가 스테이크, 햄버거를 먹으면서 미국문화를 즐기기도 하였다. 하야리아 부대와 본동, 그곳의 사람들은 경제적으로 문화적으로 많은 혜택을 받기도 하면서, 이 때문에 감시와 배제의 대상이 되기도 하면서 자기들의 경험을 만들어 왔다.

사라진 기억, 시민공원의 운명

2010년 9월 본동마을(필자 촬영) 2013년 10월 본동마을(필자 촬영)

약 60년의 역사를 지녔던 하야리아 부대는 부산시민공원으로 대변신하였다. 무엇보다 비판이 많았던 이 자리의 기억을 보존하려는 노력으로 하야리아 부대 시설 몇 개를 보존하여 문화공간으로 활용하고 있다. 역사관을 만들어 공원의 과거를 기억해 보려고 노력하였다. 다양한 이름의 숲을 만들고, 미래의 주인공인 어린이들이 누릴 수 있는 시설들도 꼼꼼하게 준비하였다. 문화와 학술행사를 할 수 있는 공간도 공원 이미지에 어울려 보인다.

하지만 시민공원에는 기억이 없다. 공원은 정체성이 없다. 공원의 미래를 만들어갈 시민들이 소외된 때문이다. 그러다 보니 우려스러운 일들이 벌어지고 있다. 엄청나게 넓은 공간을 그냥 두고 보지 못하는 꾼들의 준동이 예사롭지 않다. 국회도서관을 여기에 짓는다, 1,000억이 넘는 비용으로 국제아트센터를 건립한다고 야단이다. 조감도를 보면 시민공원을 삼킬 정도의 규모이다. 시민공원은 시민들의 휴식공간이다. 일상에서 찌든 피로를 풀고 건강한 몸과 마음을 만들 수 있는 공간이어야 한다. 행정당국은 자꾸 뭔가 만들어 넣는다. 물론 이 시설들은 부산시민에게 필요하다. 그런데 장소가 꼭 시민공원이어야 할까. 시설이 들어오는 만큼 시민들이 누릴 수 있는 공간은 줄어든다. 시민공원이라 이름 붙였으면 시민들이 권리를 행사할 수 있었으면 하는 아쉬움이 커진다.

부산의 정체성을 둘러싼 기억 투쟁의 근원

부마항쟁

장세룡

1979년 10월 16일 오후 2시 전국에서 가장 시위할 줄 모르는 유신대학이라고 놀림 받던 부산대학교 학생 300여 명이 남포동 부영극장 앞에서 '독재타도, 유신철폐'를 외치며 시위를 벌였다. 이들은 배포한 선언문에서 유신헌법철폐, 안정성장과 공평한 소득분배, 학원사찰중지, 학도호국단폐지, 언론·집회·결사의 완전한 보장, YH사건에서와 같은 반윤리적 기업주 엄단, 전국민에 대한 정치적 사찰과 보복의 중지를 요구했다. 3,000여 명으로 늘어난 학생들은 3시 30분경 새부산예식장 앞, 4~5시경에는 용두산공원, 제1대청파출소, 창신동 국민은행

부산대학교 정문에 진주한 계엄군((사)부산민주항쟁기념사업회 제공)

앞, 부영극장 앞, 동아데파트 앞, 부산우체국 앞에서 시위를 계속했고 늦은 밤에는 권력에 빌붙어 사실을 왜곡한다고 불신을 받아온 언론사 취재차량이 최초의 공격대상이 되었다. 야간에 이르자 시위대는 5만 명으로 늘어났고 다양한 구성원 곧 화이트 컬러, 노동자, 상인, 업소종 업원, 고교생들 같은 도시대중들이 대거 동참하여 구호를 외쳤다. 18 일에는 시위가 마산으로까지 확산되어 경남대 학생들을 비롯하여 부 산에서와 같은 성격의 구성원들이 민주회복, 유신철폐, 독재타도를 외쳤고 두 도시의 공식연행자만 1,500여 명에 이르렀다. 이와 같이 1979년 10월 16일부터 10월 19일까지 전개된 부마항쟁은 처음에는 대 학생들이 주도했으나 점차 도시대중들이 대거 참가하여 시위를 주도 하는 양상을 띠면서 단순한 민주화 운동을 넘어 매우 풍부한 내용을 담은 사회운동으로 발전했다. 부마항쟁은 5·16쿠데타 이후 긴급조치와 계엄령을 반복하며 강고한 철권통치를 과시하던 권력 집단 내부에 갈등을 초래하여 10·26사건을 계기로 유신체제를 종식시키는 계기를 제공했기에 큰 역사적 의미를 가진다.

그럼에도 불구하고 이 대사건의 진상은 은폐되고 망각된 채로 그저 '부마항쟁'이라는 간략한 이름으로만 떠돌고 있다. 한국 현대사에서 이정표가 되는 역사적 사건 '부마항쟁'이 수많은 이들이 겪은 인권 침해에 피해자 보상은커녕, 진실조차도 제대로 밝혀지지 않은 채로 진상규명을 요청하는 사건으로 남아 있는 이유는 과연 무엇인가? 그것은 기본적으로 부마항쟁이 극복하고자 했던 유신세력들이 여전히 끈질긴 권력을 유지했기 때문이다. 부마항쟁은 유신체제를 종식시키는 계기를 제공했지만 그것은 형식적 종언에 불과했다. 이어진 12·12 및 5·17쿠데타에서 보여주듯 유신체제는 종말을 맞지 않았고 일제 강점기 친일파들이 해방 후에 그러했듯 변신을 거듭하며 세력을 확장했다. 유신체제는 반복되었다. 그것도 프리드리히 헤겔의 말처럼 한 번은 비극으로 또 한 번은 희극으로 말이다. 전두환 시대가 비극이라면 지금은 희극의 시기일 것이다. 재림한 유신시대에 부마항쟁 이후 전개된 역사를 짚어 보려면 비극보다 더 슬픈 고통을 제공하는 희극을 꿰뚫어 보는 안목을 요청한다.

부마항쟁은 유신체제 권력의 담당자나 수혜자들에게는 너무나 뼈아픈 일격이었다. 이에 그들은 권력 유지에 위험요소로 떠오른 부산 시민들을 관리하는 방식을 두고 고심에 고심을 거듭했고 압박과 회유의 이중 전략을 구사하여 큰 성공을 거두었다. 첫째는, 심리적 압박 차원에서 부산에 근거지를 둔 기업들을 해체시켜 경제적 위기감을 조성했다. 1980년 신군부는 부산의 상징적 기업 동명목재상사의 강제해산과 재산 몰수에 뒤이어 1985년 당시 재계 6위이던 국제상사 그룹을 공중분해 시켜 시민들은 부산경제의 몰락이란 공포감을 넘어 당면한 생존에 위기감을 느끼도록 만들었다. 집권세력은 부산시민들에게 정치적 도전보다는 권력에 순종하는 것이 경제적으로 유리하다는 분위기를 조성하여 시민의식의 자각을 견제하고 순응주의로 내몰았다. 둘째는 정치적 회유 차원에서 권력의 분점과 보수화를 관철시켰다. 이들은 부산시민을 회유하고자, 그전과는 달리 부산경남 출신들에게 파격적인 권력 분점을 허용했다. 지역의 대표 정치인 YS를 회유하여 권력의 중심부로 끌어들이고 언론을 장악하여 지역의 민주화 운동 세력을 위축시키며 시민들의 비판정신을 마비시켰다. 심지어 부산경남권력이라는 말이 언론에 회자되도록 조장하여 부산시민들에게 허구의 자존심과 권력의 꿀맛으로 유혹했다. 그 결과 부산은 보수정치의 본산인 대구의 정치적 위성도시로 '확실히' 편입되었다. 셋째는 사회적으로 권력 장악 구도의 종결판인 지역주의 프레임을 강화시켰다. 이들은 곧 국가를 지역주의로 분할시켜 경상도 지역주의 패권을 강화했고 지역주의의 덫으로 부산시민과 마산시민을 포획했다. 3당 합당은 지역주의 프레임을 극도로 강화시켜 1992년 대선을 앞두고 일어난 초원복국집 사건과 '우리가 남이가'라는 구호에 열렬히 호응하는데서 보듯 지역패권주의는 부산시민들에게 마치 영남의 타고난 생래반점인 듯한 상징으로 등극했다. 부산시민은 이 구호에 강렬한 귀속감과 쾌감을 느꼈다. 그 결과 광주 5·18민주화운동을 호남의 지역 단위 사건으로 폐쇄시키고 부마항쟁은 기억조차 불확실하게 만들었다.

시청 앞에 진주한 탱크((사)부산민주항쟁기념사업회 제공)

그럼에도 부마항쟁은 살아남았다. 부마항쟁에서 놀라운 사실은 시위참여자들의 전투성과 폭력성이다. 젊은 도시대중들이 권력이 자행하는 폭압에 맞서 일어난 것은 서구역사에서 공동체의 위기를 절감하고 소란과 조롱과 폭력으로 저항했던 샤리바리charivari 축제를 상기시킨다. 부마항쟁은 해항도시 부산 시민들의 개방성이 폭발적으로 과시된 축제였다. 그것은 일시적이고 우발적인 현상 또는 민주화운동이나 민중운동 이름만으로 수렴하여 정리할 수 없는 도시민들의 이질성과 복합성을 드러내는 도시소요의 성격을 가졌고, 그 투쟁 대상도 억압적이고 이데올로기적 국가장치와 권력과 결탁한 세력에 대한 공개적 저항이었다. 이 점에서 당시의 학생과 지식인과 야당이 지향했던 방향과는 또 다른 측면의 '진보정치'를 내포한다. 항구도시 부산시민의 개방적 상상력을 짓눌렀던 장애물을 걷어찬 그 축제는 그동안 외형적인 덩치만 크고 성찰적 사고가 부실했던 부산에 새로운 정신적 풍토를 조성했고 다양한 학문적 모색과 창의적 실천이 가능한 토양을 기대 가능하게 만들었다. 부산시민은 지금 부마항쟁 축제를 기억하며 열정과 상상력을 분출시켜 한국사회를 재구성하려는 이들과, 보수 정치의 본산 대구의 정치적 위성도시로서 권력의 파격적 분점에 안주하려는 세력들 간에 치열한 대결이 벌어지는 '공간 부산'을 목격하고 있다.

부마민주항쟁진상규명 및 관련자 명예회복심의위원회 출범

2013년 12월 3일 국회에서 부마민주항쟁특별법 시행령이 공포되고 그 달 5일부터 시행되었지만 그동안 별 말이 없더니 부마민주항쟁 35주년 사흘을 앞둔 지난 2014년 10월 13일 부마민주항쟁진상규명 및 관련자 명예회복심의위원회가 전격 출범했다. 물론 돌이켜보면 2010년 7월, 이미 4월에 폐지된 대통령 직속 '진실·화해를 위한 과거사 정리위원회'는 부마민주항쟁에서 '계엄군·경찰에 의해 학생과 시민들이 폭행을 당하여 상해를 입거나 인권 침해를 받은 점과, 수사과정에서 연행된 시민학생들이 불법구금, 구타 성희롱 등 가혹행위로 말미암아 인권 침해를 받은 사실이 인정 된다'는 조사결과를 발표했다. 그러나 막상 항쟁 주체들의 모임인 부마민주항쟁기념사업회는 진실화해위가 겨우

가해자 20명과 피해자 20여 명만 조사대상으로 삼았을 뿐인 부실 조사라고 반박한 적이 있다. 새로운 위원회는 2014년 11월 3일부터 2015년 1월 30일까지 부마민주항쟁 진상규명을 위한 사실피해 등에 관한 1차 접수를 하였다. 재미있는 것은 위원장이 대구 출신으로 법조계에 오래 종사해온 인물이고, 막상 그동안 부마민주항쟁법 제정을 위해 노력해온 부마민주항쟁기념 사업회가 추천한 인물은 위원단에 단 한 명도 임명되지 못한 사실이다. 정치의 영역에서 대구가 중심이고 부산은 주변이며 부산시민의 목소리로 부마항쟁을 말하는 일은 아직도 시간이 더 필요함을 절감한다.

'식민의 다리'와 '민족의 다리' 사이의 영도대교

조정민

부산 관광의 명물, 영도다리

오후 2시. 영도다리 도개를 알리는 사이렌 소리가 울린다. 도개 장면을 잘 볼 수 있는 명당자리는 이미 사람들로 빼곡하다. 지금이야 도개 장면을 기다리는 관광객이 조금 줄어들기는 했지만, 2013년 11월 27일 영도대교가 복원되고 재개통되었을 때에는 평일 2,500여 명, 주말 5,500여 명의 사람들이 찾을 정도로 영도다리는 말 그대로 부산 관광의 명물이었다. 1934년 11월 23일에 준공된 영도대교는 당시에도 도개 기능 때문에 뜨거운 관심을 받았다고 한다. 다리의 일부가 하늘로 솟는 장면을 보기 위해 준공식에는 약 5만 명의 인파가 몰려들었는

영도대교 개통식에 운집한 사람들
(김재승 편저, 『우리들 기억 속의 영도다리 사진첩』,
한국해양대학교 해양박물관, 2007)

2013년 11월 27일 영도대교 신개통 기념식
(부산광역시 제공)

데, 예나 지금이나 '열리는 다리'에 대한 호기심은 변함이 없는 것 같다. 한때 교통을 방해하는 나이 든 애물단지로 전락하여 철거 위기에 놓이기도 했던 영도다리는 지금은 그 유명세로 서로 모셔가기 바쁜 귀한 몸이 되었다. 예컨대 '영도대교 전시관' 입지문제를 두고 영도구와 중구가 벌이는 힘겨루기는 영도다리의 문화적 가치를 선점하기 위한 경쟁에 다름 아닌 것이다. 말 그대로 영도다리는 지금 부산 사람 마음을 들었다 놨다 하는 매력적인 '요~물'인 셈이다.

'식민지 근대'의 기술과 이성의 상징

사실 영도대교는 처음부터 도개교로 건설될 계획은 아니었다. 아니, 해운업계와 도선업계의 거센 반발로 다리 가설 자체가 성사되기 힘든 상황에 놓이기도 했고, 일부에서는 해저 터널로 연결하자는 의견이 제기되기도 했다. 고민을 거듭한 끝에 묘안으로 교각 사이의 상판 하나를 전동기로 들어 올리는 도개교 방식이 제안되었지만, 이 같은 설계를 현실적인 대안으로 받아들이는 사람은 거의 없었다. 도개교 방식을 제안한 설계자가 부산부 의회에 불리어 나가 모형으로 설명하고 의원들을 설득시키면서 영도대교는 가까스로 도개교 공법에 따라 착공되었고 또 완성되기에 이르렀다.

영도대교의 도개를 포착한 사진
(김재승 편저, 『우리들 기억 속의 영도다리 사진첩』,
한국해양대학교 해양박물관, 2007)

약 3년 정도 걸린 영도대교 건설 공사에는 많은 일꾼들이 동원되었다. 특히 이 공사는 빈민구제 토목사업의 일환으로 진행되었던 측면이 있어, 일거리를 찾는 노동자와 막일꾼들이 공사 현장에 대거 몰려들었다. 당시 이들의 하루 품삯은 하루 55전이었다. 그 무렵에는 쌀 1되 15전, 담배 1갑 5전, 고무신 한 켤레 35전 정도였는데, 하루 품삯 55전은 한 식구가 빠듯하게 하루 생활을 이어갈 수 있는 돈이었다. 인부들 가운데는 공사장에 나섰다가 뜻하지 않은 변을 당하는 이들도 적지 않았다. 착공 이후 불과 4개월 만에 사상자가 23명에 이르는 등, 몸을 다치거나 목숨을 잃는 불상사가 끊임없이 이어졌던 것이다. 건설 현장에서 희생되었던 노동자들의 위령탑이 영선고개 한편에 있었지만 지금은 흔적조차 남아있지 않다.

이렇게 완성된 영도다리의 핵심은 '도개 순간'에 있었다. 이 사실은 준공 당시 구름과 같이 모인 사람들이 증명하기도 하지만, 기념엽서, 스탬프, 접시, 관광안내서, 지도 등 지금까지 남아있는 각종 자료들을 대충 훑어보기만 해도 단번에 알 수 있는 사실이다. 이들 자료에는 '반드시'라고 해도 좋을 정도로 영도다리의 도개 순간을 포착하여 다리의 개성과 위용을 설명하고 있다.

실제로 하루에 수차례 다리의 일부가 하늘로 솟구치는 영도대교는 세간의 큰 주목을 받았다. 사이렌 소리가 요란하게 울리면 육중한 쇠다리의 한 쪽이 끄덕끄덕 올라가고, 거의 직각에 가까운 기울기에 다다를 때 다리는 멈추어 선다. 이 같은 모습은 그 어디에서도 보기 힘든, 말 그대로 장관이었던 것이다. 이러한 사정 때문에 영도다리는 부산관광에서 결코 빠지지 않는 대표 관광지로 자리하게 되었다. 육중한 다리의 일부가 솟아오르는 영도다리는 '근대과학미를 자랑'하는 건조물로서 일본이 '동아의 대현관, 세계교통의 요충 부산 남단의 근대도시 항구 부산'에서 이룩한 쾌거에 다름 아니었기 때문이다. 말하자면 영도다리는 일본이 식민지에서 시도한 근대를 전시하고 과시하는 데 가장 적합한 '표징'이었던 것이다.

그런데 문제는 영도다리의 도개 기능을 강조하면 할수록 우리의 기억은 이른바 '식민지 근대'의 기술과 이성에 포획되고 만다는 점이다. 식민도시 부산에서 영도다리가 일본의 근대 과학 기술을 대변하는 명징한 이미지를 생산해 내었다는 점을 염두에 두고 생각해보자. 영도대교를 원형 그대로 복원한다는 의미에는 식민지 근대의 파편을 재현한다는 의미도 함께 내포되어 있는 것이다.

'민족의 다리'로 호명되는 영도다리

영도다리 밑 점집 1951년(부산박물관 제공)

영도다리의 도개만큼이나 우리에게 익숙한 것은 영도다리에 얽힌 한국전쟁의 기억이다. 전국 각지의 피란민들이 부산으로 몰려들던 시절, 이들은 만약 헤어지게 되면 영도다리에서 만나자고 약속했다. 하루에 수차례 일어서는 영도다리는 그만큼 유명했고 비교적 찾기도 쉬웠던 것이다. 실제로 영도다리에는 잃어버린 가족을 찾으려는 사람들로 인산인해를 이루었으며 사람을 찾는 종이쪽지 벽보로 도배되기도 했다. 식구들과 만날 수 있을 것이라는 막막한 기대와 좌절, 망향의 슬픔과 애환이 가슴 속에서 들끓을 때는 다리 아래 점집 문을 두드리며 재회의 순간과 운명을 점쳐보기도 했다. 기막히고 절절한 사연은 노래로 영화로 만들어졌다. 가수 현인이 부른 '굳세어라 금순아'(1953년)을 따라 부르며 신세 한탄을 하고, 헤어진 여동생 금순이를 마음속으로 그려보기도 했던 것이다. 피난민들 가운데는 생활고에 지쳐 영도대교에서 투신자살을 기도하는 사람도 있었다. 때문에 당시 영도대교에는 '잠깐만'이라는 팻말이 붙을 정도였고, 부산수상경찰서(지금의 영도경찰서)에서는 인명구조반을 따로 편성하여 투신하는 이들을 구조하기도 했다.

2000년 이후 영도다리에 관한 철거론과 보존론이 팽팽하게 대립할 때도 영도다리를 보존시킨 것은 한국전쟁의 기억이었다. '영도다리를 생각하는 사람들'은 '영도다리는 단순한 구조물이 아니라 동란의 비극을 온몸으로 버티어 낸 민족의 다리입니다. 오십 년 전 포화를 피해 내려온 피란민들은 전쟁통에 헤어진 부모형제를 이 다리 위에서 기다렸고 타향살이의 고단함과 서글픔을 이 다리 위에서 삭였습니다'고 이야기하며 영도다리를 한국 현대사의 질곡을 간직한 '생명체'로 강조하였다. 영도다리는 한국전쟁을 매개로 하여 '민족의 다리'로 호명되어 왔고, 또 영도다리의 '애환'은 곧 '민족의 비극'으로 치환되어 '국사'의 중심에 자리하게 되었던 것이다.

기억의 정치학

곰곰이 생각해보면 영도다리라는 특정 장소에 각인된 피란민의 애환과 이산가족의 비극은 타자들에 의해 만들어진 '비일상'의 경험이자 기억이다. 부산 사람에게 영도다리는 차와 사람, 그리고 배가 위 아래로 왕래하고 일정한 시간에 다리가 열리는 '일상'의 장소였던 것이다. 말하자면 부산 사람들은 '타자의 시선과 기억'으로 만들어진 동란의 이미지를 영도다리에 부가하여 그 의미를 '전유'해 왔다. 복원의 방식도 마찬가지다. 영도다리를 일상적으로 향유하는 사람들에게 그 의미를 묻지 않고, 타자나 외부의 시선, 기억이 그것을 '전유'해 온 방식에 맞추어 다시 '재전유'하는 방식. 그리고 이것을 '복원'이라고 일컫는 것. 이러한 복원 논의 안에는 일상적으로 영도다리를 소유해 왔던 사람들의 경험과 기억에 대한 어떠한 자각과 환기도 보이지 않는다. 오히려 외부와 내부의 균열을 봉합하기 위해 '민족'을 부르고, 이를 통해 외부와 내부, 타자와 주체는 곧 '우리'가 되어 분열 없는 하나의 기억을 만들고자 한다.

뿐만 아니라 영도다리 복원 담론에는 식민지 경험과 동란의 비극을 분리해 내려는 이분법적 구획도 내재되어 있다. 앞에서 이야기한 것처럼 도개교로서의 영도다리에는 식민지, 근대, 과학 기술 등이 복합적이고 중층적으로 얽혀 있다. 영도다리의 원형과 기능이 그대로 복원되고 재현되기를 바라면서도 그것이 식민성의 재현에 다름 아님에 대해서는 누구도 주목하지 않았다. 식민지 기억은 깨끗하게 소멸, 삭제

시키고 '민족'으로 봉합 가능한 기억들로 편집해야만 영도다리는 복원
될 수 있었던 것일까. 영도다리가 이미 복원된 시점에서 과거를 재현
하고 복원하는데 어떠한 기억의 정치학이 작동했는지에 대해 궁금히
여기는 것은 그저 딴죽을 걸거나 뒷북을 치는 일에 지나지 않는 것일까.

25년 만의 부활, 부관페리

양흥숙

1970년 6월 17일. 지난밤 일본 시모노세키를 떠난 '페리 관부關釜'가 부산항에 들어왔다. 승객 397명과 자동차 7대(『매일경제』)를 싣고 온 카-페리 즉, 자동차를 실어 나를 수 있는 여객선이었다. 때마침 경부고속도로(1970년 7월 7일)가 개통되어, 일본 도쿄와 한국 서울을 곧장 잇는 '바다의 하이웨이'로 불렸다. 해방과 함께 사라진 관부연락선이 25년 만에 부활하였다.

부관(관부)페리는 일본의 관부페리주식회사와 한국의 부관釜關페리주식회사가 공동 출자, 공동 운영을 하는 선박이었다. 그러나 기업 차원에서는 적자운영을 면치 못할 것이다라는 진단이 이미 나온 바 있었지만, 사업계획에서부터 국가가 적극 개입하면서 운영을 시작하였다. 부관페리의 운항이 1967년 제1차 한일경제각료회의(도쿄), 1968년 제2차 회의(서울)의 결과에서 비롯된 것만 보아도 그렇다. 더욱이 6월 17일 부관페리 취항식에 참석하기 위해 부산에 발을 디딘 첫 일본 승객은 일본의 전 총리 기시 노부스케岸信介. 기시가 누구인가. 기시는 일제의 만주 경영에 대한 마스터플랜을 만들었다고 해도 과언이 아니며, 군－재계－관계를 연결하는 광범위한 만주 네트워크를 구축한 인물이다. 일본 총리 아베 신조의 외할아버지로도 유명하다. 부관페리 취항식에 참석한 백선엽 교통부장관은 만주군 장교 출신이며, 박정희 대통령 역시 만주군 장교 출신이다. 이 인연일지 모르나, 기시는 취항식을 마치고 다음날 청와대에서 대통령으로부터 1등수교훈장을 받았다. 앞서 페리 운항을 준비하던 한국의 실무자들은 1970년 3월에 개최되는 오사카 엑스포로 몰려드는 일본인과 외국 관광객을 한국으로 유치할 목적을 가지고, 그들이 탄 승용차까지 함께 들여오고자 했던 고민을 카－페리 운항으로 결론지었다.

그러나 얼마 못가서 1974년 9월 말 부관페리의 최대 수입원이었던 승용차의 운송에 대해, 금지 결정이 내려졌다. '국가의 보안'이 목적이었다. 1974년 8월 15일 육영수 여사를 저격한 문세광이 재일교포인 탓이었다. 더욱이 승용차가 일본에서 들어오면, 무기를 숨기고 올지, 한국 내에서 어디로 돌아다닐지, 무슨 일을 저지를지도 모른다는 우려 때문이었다. 한국의 관문을 출입하는 부관페리가 한국을 보호하는 안보제일주의에 동참해야 하는 것은 지극히 당연한 일이었다. 이 조치로 부관페리는 적자를 면치 못하였다.

　게다가 1983년 부관페리의 운항을 늘릴 때, 일본에서 건조된 선박을 그것도 차관으로 들여와 한국 국적의 부관페리로 만들었다. 이때에도 '국적선 부관페리호'라는 것에 의미를 두고 경제적 이익보다 국위선양이 우선한다는 홍보를 대대적으로 하였다. 개통은 국가개입, 운항은 국가안보, 증설은 국위선양으로 이어졌다.

부산국제여객터미널(중구 중앙동)에 정박 중인 부관페리(문진우 제공)
터미널은 2015년 동구 초량동으로 이전하였다.

일본 재상륙을 허락하다

1960년대 말 부산 지역의 1/3은 일본방송 수신용 안테나를 달지 않아도 일본방송을 무상으로 볼 수 있었다. 일본야구를 즐기고, 일본드라마를 보고, 일본음악을 듣고, 일본의 광고를 보았다. 서울의 방송국 PD는 잘나가는 일본방송을 살피기 위해 부산으로 출장을 오곤 하였다. 이런 부산에 부관페리가 다시 등장하였다.

1965년 이후 재일교포와 교포학생들이 간헐적으로 모국을 방문하였는데, 부관페리가 운항하자 일본의 수학여행단이 수백, 수천 명씩 부산으로 들어왔다. 이것은 일제강점기 관부연락선을 타고 일본 학생들이 식민지 조선으로 수학여행을 오던 것과 똑같다. 부관페리를 타고 일본 수학여행단이 부산에 내리는 이유는 옛 일본의 영광을 찾아보는 것에 있었지만, 무엇보다 싼 여행 경비도 한 몫을 하였다. 관광수익을 올리는 차원에서, 제복 입은 학생들이 페리터미널에 내리면 이들을 위한 대대적인 환영식이 열렸다.

부관페리는 일본 남성관광객도 대거 데리고 왔다. 1970년대 소위 '기생관광'이란 단어는 유행어가 되었다. 부산과 서울에는 일본인의

페리를 타고 온 일본 수학여행단과 한국의 환영식(국가기록원 역사기록관 제공)

현지처가 많다는 말도 나돌았다. 1980년대 초반까지 일본인 관광객의 남녀비율이 90 : 10 정도였다는 것은 기생관광의 실태를 짐작하게 한다. 이때 일본인 관광객들의 입에 자주 오르내리는 '하치쥬도루'라는 은어가 생겨났다. 일본인 관광객이 한국 여성에게 지불한 화대가 하치쥬도루 즉 80달러였다. 주말이면 부산시내의 호텔에는 일본 남성들이 그룹을 지어 투숙하고, 호텔 내 가라오케에서 한국 여성과 어깨를 나란히 하여 일본 가요를 불렀다. 부산 시내 중심가의 한 다방에는 일본인을 접대하기 위한 여성종업원이 20명씩이나 진을 치고 있기도 하였다. 지나간 시대의 한 단면이었다.

부관페리는 한국 관광객, 보따리장수들에 의해 갖가지 '일제日製'가 들어오는 통로이기도 하였다. 소위 '코끼리밥통사건'이 상징하는 일제 물품의 반입은 당시의 일본과 한국의 경제발달 차이를 여실히 보여준다. 1983년 1월 부산의 어느 여성단체에서 일본을 갔다가 페리를 타기 위해 시모노세키에서 출국소속을 받았다. 한 가정의 주부로서 이미 입소문이 난 코끼리밥통(일본 Z전자회사 제품)을 몇 개씩 사들고 온 것을 가지고, '쇼핑관광'이라고 언론에서 소란을 떨었다. '망국병이 들어서'라고 조롱을 보냈고 국회에서는 논쟁거리가 되었다. 급기야 정부가 나서서 국내 밥통 생산업체 관계자를 모두 소집시켰다. 좋은 물품을 만들라는 압력이었다. 국내 산업발달의 추동력이 부관페리였던 것일까?

부관페리의 일등 고객, 보따리장수

아이러니하게도 일본과 한국이 차이가 나면 날수록 부관페리가 운송하는 물건의 양은 더욱 늘어나고, '쇼핑 관광객'과 수많은 상인을 실은 부관페리도 더욱 활기를 띠었다. 수입다변화품목에 묶여 제대로 구할 수 없었던 일본 카메라, 워크맨, 갖가지 일제 물품이 보따리장수의 능력(?)에 따라 부산 깡통시장에 즐비하게 깔렸다. 이들 물품은 부산항과 가까이에 있는 운송회사에 맡겨져 빠르게 서울로 배달되었다. 부산 발 일본 제품의 전국적 유통을 이루어내고, 부산 발 한국 제품의 일본 상륙도 이끌어냈다.

부관페리가 부산항을 출발할 시간이 되면 수백 명의 보따리장수들이 가져갈 물건을 실은 택시들이 여객터미널을 쉴 새 없이 들락거렸다. 보따리장수들은 손에는 5~6개의 보따리와 트렁크, 발로는 상자들을 밀면서 세관 직원의 눈치를 살폈다. 그것도 부족하면 페리 탑승객에게 동반 운송을 넌지시 부탁을 했다.

보따리장수의 경쟁력은 바로 스피드다. 방금 국제시장에서 구입한 고추장과 된장, 라면과 소주를 내일이면 일본에서 팔고, 최신 일본 물품을 가져다가 다음날 부산에 오면, 깡통시장과 국제시장에서 흔쾌히 받아주었다. 아무리 빠른 비행기라도 이 속도를 쉽게 따라잡지는 못하였다. 보따리장수의 움직임이 활발하면 활발할수록 깡통시장과 국제시장이 들썩이고, 부산항도 덩달아 활기를 띠었다.

부관페리 고객 중에 가장 많은 수를 차지했던 것은 보따리 아줌마들이었다. 경제적으로 열악한 재일교포들이 페리 안에서 숙식을 해결하면서 바다를 떠도는 생활을 택한 것이 보따리장수의 시작이었다. 보따리 사업이 성행하자 한국인 아줌마를 가리키는 '내국 보따리'도 생겼다.

이제 이들은 점점 사라져가고 있다. 더 이상 팔 물건이 없기 때문이다. 일제 물품은 너무 흔해졌고, 한국 제품에 대한 호응도가 높아졌다. 하루에 한 번 부관페리가 출발하는 국제여객터미널은 더 이상 북적이지 않는다.

첨단 제품과 최신의 물화를 실어 나르던 부관페리는 현재 아주 어렵다. 부산항에 배만 들어오면 한 몫을 챙기던 상인들도 어렵다. 1976년 부산시와 시모노세키시가 맺은 자매결연 증서만이 오랜 관계를 대변하고 있을 뿐 보따리장수가 사라진 부관페리는 빛을 잃고 있다. 양국을 오가는 관광객이 그 자리를 넓혀가고 있다.

최근에는 일본의 관부페리, 한국의 부관페리의 공동 운항, 협력 관계의 균형도 깨지는 모양이다. 부관페리 자본 지분이 이미 일본 기업으로 넘어갔고 남은 지분은 대부분 재일교포 오너가에 있다. 부관페리 운영을 되찾아야 한다는 움직임이 일고 있다. 부관페리의 재탄생에 국가가 개입하고 관이 개입하는 것이 아니라, 새로운 지역의 삶, 지역민의 결이 더해지기를.

2부

공간, 일상과 문화가 되다

아지매가 정겨운 먹거리와 볼거리의 장소, 자갈치

이명수

돈 벌고 돈 쓰는 곳 – 자갈치엔 자갈이 없다

자갈이 너무 많아 사람들이 그것들에 치인 까닭에 자갈치라 했을까? 어떤 자료에 의하면 '자갈처' 곧 자갈이 있는 장소, '처處'가 '치'로 변이되었단다. '자갈치'라는 생선 이름이 변이되었다는 견해도 있다. 구전에 의하면 '치'란 '많다'는 뜻이므로 '자갈치'로 불렀단다. 분에 넘치게 '많이 호사豪奢를 부리는 것'이 '사치奢侈'라고 할 때, '치侈'는 많다는 뜻인 만큼 '자갈치'는 이래저래 속성을 규정하는 용어로 일정부분 어울린다.

그런데 자갈치에는 자갈이 없다. 매축 이전 개항 당시에는 해수욕장이 있었고 '남빈'으로 불렸던 이 장소에는 이젠 자갈이 없다. 개항

자갈치 옛 모습(김동철 제공)

당시 이곳 해안은 충무동쪽 보수천 하구일대에 주먹만한 옥돌로 된 자
갈해안을 이루었다. 1876년 개항 이후 인접 동광동과 광복동 일대에
는 일본인 거류지가 설치되었다.

자갈치시장은 부산 주변지역의 어민들이 소형 선박을 이용하여 일
본인들에게 수산물을 판매하기 시작하면서 소규모의 시장이 형성되
었다. 그 후 일본이 1910년 이곳에 부산어시장을 설립하여 남해안 수
산물의 유통시장을 장악하였다. 자갈치시장의 활어 유통은 소형선박
에 의하여 지속적으로 이루어졌고, 1915년 '남항수축기성회'가 설립
되면서 본격적으로 개발된다. 이런 저런 우여곡절 끝에 그 연원이라
할 수 있는 남빈시장이 1924년 8월 개설된다.

자갈치는 1985년 큰 화재로 상업시설이 온통 소실되어 1986년 1월

현대식 건물로 개축되어 어패류
처리장으로 문을 연다. 그 안이나
일대에는 싱싱한 생선회가 싼값
으로 제공되고 해삼이나 멍게를
판매하는 사람, 삶은 고래 고기를
즉석에서 썰어 파는 장사꾼, 미역
이나 톳나물을 파는 판대기 장수
들이 촘촘하게 자리 잡고 있다. 물

오래된 건물에 늘어선 건어물시장(문진우 제공)

론 대추, 곶감, 밤 등을 취급하는 가게도 있다. 2006년 12월 기존의 어
패류시장을 철거하고 부산어패류처리조합이 들어선다.

이렇듯 자갈치는 자갈이 하나 둘 없어지는 방식으로 근대화의 과정
을 겪었다. 충무동쪽 하구일대 자갈해안을 이루었던 이곳은 도심과
접하고 있어 시장 기능, 위락의 담당 인근의 국제시장 등과 함께 부산
을 가장 잘 보여준다.

부산역과 엮여 다녀가고 싶은 유동성의 장소

'자갈치 아지매의 석조물'을 내세우고 있는 '자갈치시장'과 그 옆 '부
산시수협 자갈치 공판장', 그리고 '신동아수산물종합시장', 그 외 크고
작은 건물에서 영업에 종사하고 있는 사람, 가판의 영세상인, '후배 자

자갈치의 노점상(문진우 제공)

갈치 아지매' 격인 노점상 아낙네들은 햇볕에 그을린 모습으로 사람들을 기다리고 있다. 자갈치에는 만물상을 이루어 사람들이 필요로 하는 것을 거의 다 구비해 놓고 있다. 하물며 철물상, 칼 가는 집, 구멍가게 형태의 잡화상, 은행, 갖가지 야채를 모듬식으로 파는 리어카상商. 도장을 파주는 사람, 노래방 등등. 온갖 아이템을 갖추어 놓고 사람들을 기다린다. 그곳에 오는 사람들의 수요에 따라 이 같은 영업 형태를 결과한 것으로 볼 수 있다.

일제시대에 남항의 수변 '남빈南濱' 자갈치는 북항 쪽 부산역에 인접해 있었다. 오늘의 부산역은 자갈치에서 약간 먼 곳으로 옮겨졌지만 여전히 사람들의 심상기억과 실제거리는 서로 가까운 곳에 존재한다. 자갈치와 부산역은 서로 붙어 있어서 둘이면서 하나다. 역과 시장은 그 기능상 '근대 이행'에 민감한 장소다. 수많은 과거를 만들어 내며 시대 변화에 순응한다. 그런 만큼 자갈치는 입지 상 부산역과 더불어 장점과 단점을 함께하는 측면이 강하다. 예를 들어 '역'이란, 무정하게 사람을 떠나보내거나 맞아들이는 곳으로 인식되기 십상인 곳이다. 다 그런 것은 아니지만 역 주변엔 음식이 맛없고 물건 값은 나그네의 호주머니 사정에 아랑곳하지 않는다. 자칫 공간적 입지 여건으로는 부산역 가까이에 있어서 자갈치는 역이 주는 부정적 이미지를 덩달아 공유할 수도 있다.

한편으로 부산역이 있어서 '자갈치'는 부산의 대표 장소가 되기에

용이하다. 부산역에 내려 바로 자갈치로 가기도 하지만 부산역을 가다가 문득 '처갓집' 들르듯 빼놓지 않고 가고 싶은 곳이 자갈치이다. 그곳에 가서 풍취, 사람의 향기를 느끼고 수산물을 사거나 회 한 접시를 즐기고 싶은 무의식이 발동한다.

이런 저런 이유로 자갈치에서 이것저것을 사고 생선구이로 식사를 하고 소주 한 잔에 바닷바람을 쐬며 간이무대에서 품바 공연을 감상하는 일이란 흥에 겹다. 그러고 나서 다시 부산역에 오면 널따란 광장은 그 나름대로 사람의 몸과 마음을 수용한다. 저녁 밤 어둠과 분수대, 그리고 조명시설이 어우러진 앙상블은 삶에 지친 일상을 잠시나마 풀어준다. 각자 독자적으로 사람 수용의 공간을 형성하면서도 긴밀히 연결되어 있다는 점에서 자갈치는 부산역과 둘이면서 하나다.

자갈치 아지매의 '소울'이 넘치는 곳

바다가 붙어 있는 친수공간이 있고, 온갖 수산물과 먹거리, 위락시설, 싼 물건이 있다 하더라도 자갈치에는 '자갈치 아지매'가 존재감을 더한다. 지금은 자갈치시장 건물 앞에 '아지매'의 석상이 세워져 있다. 그런 '선배 자갈치 아지매의 혼'이 더욱 살아 숨 쉬어야 한다.

아무리 좋은 노래도 가수의 '소울'이 묻어나오지 않으면 꽝이다. 작곡자나 작사자의 영혼을 인프라로 하여, 가수는 또 다시 자신의 혼을

자갈치 아지매 석상(필자 촬영)

담아야 한다. 공간적 특성도 마찬가지다. 사람에 의해 일구어지는 것이 장소다. 그 장소에 역시 사람의 '소울', '혼'이 숨 쉬어야 한다. 따라서 '아지매' 없는 자갈치의 존재는 없다. 낯설지만 낯설어 보이지 않는 눈매, 이런 저런 생선을 거래하면서 한두 마리를 얹어주는 정, 그런 생선에 무나 파를 넣고 찌개를 끓여 대여섯 식구의 먹거리가 되기에 충분하였던 자갈치의 기억을 재생산함이 좋다.

자갈치는 시대 상황에 어울리게 건물을 새로 짓고 변화를 거듭하였지만, 이젠 의미 있는 덮어쓰기를 진행해야 한다. '자갈치 아지매의 혼'이 계속 늘 살아 있어야 한다. 이 사람 저 사람, 돈 있는 사람, 없는 사람 할 것 없이 살갑게 맞이하는 '소울의 자갈치'가 이곳을 지탱하게 하고 번영하게 하는 것이 될 것이다.

무언가 여유 있는 틈새 공간

부산역과 둘이면서 하나인 공간, 다른 곳에 비해 자갈이 넘쳐나던 장소에 근대식 건물이 들어서 자갈의 흔적은 온데간데없고, 아지매의

자갈치 시장을 알리는 입간판, "관광의 명소 자갈치－오이소, 보이소, 사이소"(필자 촬영)

'소울'이 넘쳤으면 하는 곳이지만, 그런 자갈치는 어둠이 깔릴 때를 전후하여 더욱 풍성해진다. 파장하려는 '후배 아지매'들은 떨이 상품을 내놓기도 한다. 어디선가 풍겨 나오는 생선 익는 냄새는 입맛을 다시게 한다. 까만 하늘 아래로 불야성을 이루면 사람 마음을 들뜨게 하고, 어느덧 자갈치는 온통 시끌벅적해져 있다.

해마다 이맘때면 자갈치 축제가 열린다. 1992년 이래 '오이소, 보이소, 사이소'란 슬로건을 내걸고 열리는 이 축제는 '자갈치수산물축제'로 시작하였다. 1996년부터 '부산자갈치문화관광축제'로 개명되고, 지금은 '부산자갈치축제'로 10월에 열리는, 이 행사는 전국에서 오는 사람과 해외 관광객을 흡입하여 수산물과 관련한 다채로운 놀이와 재미를 제공해 오고 있다.

　자갈치에 온 사람들은 대부분 그곳에서 돈을 벌거나 돈을 쓰고 간다. 그런 까닭에 가끔씩 상품 진열이 상대방 영업을 방해한다고 사소하게 다투는 일도 있다. 그렇지만 자갈치는 그런대로 사람들의 요구를 수용하는 '플러스의 장소'다. 저녁이면 바다 속 섬에 온 환상을 느낄 수 있고 시원한 바람이 부는 곳. 현대식 건물에 입점한 가게나 길가에 다소 어지럽게 늘어선 난장亂場이든, 거기에는 싼 물건이 즐비하고 맛있어서 우리의 몸과 마음을 즐겁게 한다.

사람 사는 풍경, 오시게장

차윤정

현대화와 도시화에 밀려

부산에서 울산으로 가는 국도변, 부산 지하철 1호선 종점 노포동역 주변이 오늘따라 유난히 붐빈다. 오시게 장날이다. 오시게장은 2, 7일에 열리는 5일장이다.

부산의 시장은 등록된 것만 217개 정도 되며 그 수를 정확히 알 수 없는 미등록시장들도 꽤 된다. 등록되지 않은 장들은 최근 아파트 주변에 서는 장들이 대부분이지만 오시게장처럼 오래 전부터 열리던 장도 있다. 과거부터 열리던 구포장 같은 5일장들은 지역의 상주인구가 많아지고 거래량이 증대함에 따라 대부분 상설시장화 되었지만, 오시

노포동 종합버스터미널과 오시게장(차철욱 제공)

게장은 여전히 미등록시장으로 현재까지 운영되고 있다.

원래 오시게장은 조선 후기에는 동래 읍내장으로 지금의 동래시장 자리에 있었다. 일제강점기에 상설 동래시장이 등장하면서 부곡동에서 서동으로 넘어가는 고개로 상인들이 옮겨가 노변에 전을 펼치면서 지금의 오시게장이 되었다고 한다. '오시게'란 이름은 당시 마을 이름에서 유래했는데, 까마귀가 많이 사는 까막고개 주변에 있다고 해서 붙여졌다고 한다. 1972년 무렵에 부곡동으로 이전한 오시게장은 1982년 지하철 구서동역 주변으로 다시 이전하였다. 하지만 주민들의 민원으로 당국과 마찰을 빚다가, 현 위치인 노포동으로 이전해 1994년 9월 27일 개장했다. 그러나 20여 년이 지난 지금도 여전히 행정당국의 허가가 나지 않아 단속과 영업제재로 갈등을 겪는 등 악순환을 거듭하고 있다. 지금은 상인 130여 명이 장터를 지키고 있는데, 50~60대가 대부분이고 70~80대와 40대도 조금 있다고 한다.

오시게장은 부산 시내에 있으면서도 전형적인 시골 5일장 모습을 지니고 있다. 그래서 일반 재래시장에서 볼 수 있는 농수산물, 의류, 신발류, 주방용품, 약재, 간이음식, 침구류 같은 것들뿐만 아니라, 시골장에서나 볼 수 있는 강아지, 오리, 닭 같은 살아있는 가금류들도 볼 수 있다. 또 즉석에서 말린 고추를 빻아주고 뻥 튀기를 해주는 모습도 볼 수 있다. 취급되는 농산물은 대부분 직접 농사를 지어서 나온 것들이지만 일부는 시골 가서 물건을 걷어 와 팔거나 수입한 것을 취급하기도 한다. 이곳에 가면 시대의 변화 속에서도 자연스럽게 과거의 기억들과 대면하게 된다.

오시게장날 풍경(차철욱 제공)

흥정과 협상의 풍경

장터 한 쪽 양말 파는 곳에서 흥정이 벌어진다. "마, 두 개 5천원에 주이소", "안 됩니더", "마 그래해 주이소", "아이고 마, 그라이소. 날도 춥은데." 싸거나 비싸거나 손님들은 무슨 지켜야할 의례처럼 깎아달 라는 말을 한다. 장사꾼들도 으레 하는 말쯤으로 받아들이는 듯하다. 하지만 흥정이 벌어지면 결국은 값이 깎이거나 덤이 주어진다. 때론 흥정 없이 주어지는 인심 좋은 덤도 있다. "이거 한 소쿠리 주세요." 나 물을 담는 손이 한 줌을 더 집어준다. "이거 팔다 하나 남은 긴데 안 팔 리네, 가아가 국 끼리 무우라." 국화빵 천 원어치를 주문하고 기다리 는 할머니에게, "어머이, 이거 드시고 계시이소." 기다리면서 먹으라 고 한 개, 주문한 국화빵을 담다가 "모양이 영 그거해서 이건 그냥" 모 양이 찌그러졌다고 한 개 더 준다. 하나 더 달라는 실랑이가 없어도 이 유를 만들어 하나씩 더 주는 덤. 그것이 상술이고 아니고는 문제가 되 지 않는다. 추위 속의 기다림을 잊게 만드는 따뜻한 정, 사람과 사람이 부대끼지 않고서는 만들어낼 수 없는 풍경이다. 이렇게 주어진 덤은 획일화된 가격의 규칙을 넘는 융통성이 발휘된 것으로, 상거래를 사 람과 사람의 만남이라는 관계로 변화시키는 역할을 한다. 그리고 이 덤을 통해 단골이 만들어진다.

마트나 백화점에는 흥정하고 협상하는 사람들의 풍경이 없다. 구매 자는 상품 뒤에 숨은 판매자가 일방적으로 제시하는 가격을 선택하거 나 거부할 수 있을 뿐이다. 장에서 한 움큼 더 쥐어주는 '덤'이나 '흥정'

은 마트나 백화점에서 '저울, 20% 세일, 1+1'처럼 모두 숫자로 대체된다. 정해진 가격, 평등한 서비스, 명확한 계산 같은 균질화된 규칙과 질서만이 존재한다. 틈 없는 질서에 따라 움직이는 곳에서는 조금의 흥정도 허용되지 않는다. 그래서 단순하고 명쾌해 보인다. 그러나 장은 다르다. 나름대로 질서가 있지만 언제나 변화 가능한 틈이 존재한다. 사람의 만남을 통한 상거래라는 특성상, 서로의 입장을 헤아려보고 조율하는 기회가 주어진다. 그래서 상황에 따른 융통성이 존재하며 특정 개인에게 베풀어지는 혜택과 신뢰를 전제로 한 배려가 있다.

하지만 명확하고 균질화된 질서에 익숙한 사람들은 오히려 장터에서 만나는 다양한 질서를 부담스러워 한다. 특히 젊은 세대들에게는 타인과의 흥정 자체가 피곤한 일이다. 가격이 정해진 백화점이나 마트의 물건을 구입하는 것이 더 믿을 수 있고 편안하다. 구태여 상대방 입장을 고려하면서 흥정할 필요가 없기 때문이다. 하지만 그 명쾌함은 아이러니하게도 고립된 현대인들의 태생적 갈망인 정을 대신해서 얻어지는 것이다.

장, 사회적 안전망이 되다

장은 지역인들의 삶의 모습을 담고 있다고 한다. 주거문화의 변화, 생업과 여가 활동 같은 삶의 리듬의 변화는 장보기에도 영향을 끼쳤다. 바쁜 일상 속에 퇴근 후 장보기를 하거나 일주일 단위로 한꺼번에 장을 봐야 하는 도시의 젊은층들에게, 일찍 문을 닫을 뿐만 아니라 걸어서 가야하는 장은 불편한 곳으로 여겨진다. 그래서 젊은층들은 주차시설과 편의시설이 잘 갖추어진 대형마트를 주로 이용한다. 오시게장은 이러한 현실을 극명하게 보여준다. 현대화와 도시화에 밀려 이곳저곳으로 장터를 옮겨야만 했던 오시게장의 이력은, 주요 이용자들이 노년층이라는 점과도 묘하게 맞아떨어진다. 오시게장에 특히 노년층이 많은 이유 중의 하나는 장터가 노포동역 근처라는 공간적 특성 때문이다. 우리 사회가 급속한 노령화 사회로 접어들고 있지만 이에 따른 노년층의 일자리나 여가공간의 확보 같은 사회적 장치는 미비하다. 마땅히 갈 곳 없는 노인들은 무료승차권으로 갈 수 있는 역 주변이나 공원 등에서 시간을 보내는 경우가 많다. 지하철역 근처에서 열리는 오시게장은, 이런 점에서 노인들이 모일 수 있는 공간이다. 또한 젊은층과 달리 '그램으로 물건 값 환산하기, 혼자 상품 정보 파악하기'가 낯선 노년층에게, 오시게장은 편안한 소비공간이 되기도 한다. 게다가 장에서 비슷한 처지의 노인들을 만나 이야기꽃을 피우며 시간을 보내는 것은, 외로움을 위로 받고 삶의 활기를 찾게 한다. 이런 의미에서 오시게장은 소외된 노년층에게는 일종의 해방구이다.

오시게장은 삶의 터전이다. 오시게 상인들은 20~30여 년 동안 장터를 근거로 삶을 영위해 왔다. 그들은 가게를 얻을 수도, 농작물 판로를 개척할 수도 없을 정도로 영세하다. 기껏해야 5일장마다 다니면서 장사를 하는 게 고작이다. 하지만 스스로 생계를 해결해야 하는 사람들이다. 이제 장터에 그만 나오면 안 되느냐는 말에 "집에서 쉴 형편이

안 돼. 우리가 버리 묵어야 하는데"라는 이상호 씨(80세)의 말처럼, 장은 여전히 그들의 생계유지를 위한 터전이다. 이들에게는 인근 주민들의 민원이 들어오고 장터가 없어질지도 모른다는 말이, 거대자본의 백화점이나 마트가 재래시장을 잠식한다는 이야기보다 더 가까운 게 현실이다.

최근 침체된 재래시장을 살리자는 목소리가 높아지고 있다. 이를 위해 시설을 현대화하고 편의시설을 확충하자고 한다. 하지만 이러한 물리적인 처방보다 더욱 근본적으로 요구되는 것은 장이 가진 의미, 즉 장과 연관된 인간 삶의 문제를 읽어 낼 수 있는 시각의 전환이다. 이런 의미에서 오시게장은 인간의 다양한 삶의 질서를 체험하는 공간이며 협상과 소통의 의미를 확인할 수 있는 공간이다. 또 노년층에게는 여가와 소비공간을 제공하는 한편 영세상인들의 삶의 터전이 되어 우리 사회의 주변부를 보듬는 사회적 안전망의 기능을 하기도 한다.

요즘 아파트 주변에 새로운 장들이 많이 들어서고 있다고 한다. 균질화된 도시의 삶에 지친 현대인들이 새로운 삶의 방식을 모색한다는 의미는 아닐까?

휴식과 일탈의 공간, 금강공원

차철욱

금강공원의 전성기

도심 생활의 피로 탓인지 선선한 숲길이 그리워 금강공원으로 걸음을 옮겼다. 평일 오후라서 그런지 인적이 드물다. 회전목마와 문어다리 같은 놀이기구는 벌써 철거되어 그 자리는 공터로 변했다. 30년도 훨씬 전, 시골에서 처음으로 부산에 와서 들렀던 금강공원과는 너무나 다른 풍경이다. '하루 관광객 10만 명 돌파', '한 지역 최다인파 20만 명 기록' 등이 1970년대 금강공원의 모습을 알려주는 기사 제목들이다. 당시 서울의 창경원보다 더 많은 관람객이 이곳을 찾았다. 어느 해 어린이날 몰려드는 인파 때문에 도저히 표를 팔 수 없어 그냥 문을 열어버린 적도 있었다고 금강공원을 지켜온 사람들이 전해준다.

일본인 정원 금강원

　금강공원의 탄생은 부산이 식민도시로 만들어지는 과정과 궤를 같이한다. 개항 후 부산에 정착한 일본인들이 동래온천을 휴양지로 개발하면서 배후지 금정산을 관광지로 만들 계획을 세웠다. 금정산의 바위들이 너무 아름다워 강원도 금강산에 버금간다고 해서 이곳을 '소금강'이라고도 불렀다. 금강공원의 명칭은 여기서 비롯되었다. 온천장의 목욕탕, 여관 등을 이용해 돈을 벌 목적이었던 일본인 자본가들은, 관광객들을 오래 머물게 할 시설로서 공원이 필요했다.

　이 공원은 부산으로 건너와 담배장사로 큰돈을 번 일본인 자본가 히가시 바라東原嘉次郎의 개인 정원으로 만들어졌다. 그는 1920년대 초반 금정산의 자연환경을 최대한 이용하여 정원을 꾸몄다. 계곡물을 이용해 '청룡青龍潭'이라는 일본식 연못을 만들고, 전망 좋은 언덕에 13층 높이의 '후락탑後樂塔'도 세워 일본인 자본가의 위세를 과시했다. 그는 1933년 무렵 전통도시 동래에서 시가지계획으로 철거된 망미루, 독진 대아문, 내주축성비, 이섭교비 등을 옮겨와 정원의 모양새를 갖추었다. 조선 사람들에게는 지배의 상징이었던 물건이 일본인들에게는 놀이터 조경용에 지나지 않았던 셈이다.

　그는 또한 개인 정원을 일반인 관람객들에게 개방하였다. 온천장에서 목욕을 즐긴 관광객들이 금강원에 올라 금정산의 자연과 어울리는 것은 관광의 필수 코스였다. 공중목욕탕에서 온천욕을 하고, 금강원에서 소풍을 즐기면서 만족스러워 하는 조선인의 모습은 엽서나 관광

일제강점기 금강원에서 휴식하는 사람들(김동철 제공)

안내서에서 어렵지 않게 볼 수 있다. 히가시 바라는 1940년 이 정원을
동래읍에 기증하였다. 정원과 관련한 내용은 등산로 주변 바위를 깎
아 만든 '금강원지金剛園誌'에 기록되어 전하고 있다.

솜사탕도 사먹고, 놀이기구도 타고

해방되고 1965년이 되어서야 부산시는 이곳을 금강공원이라 이름
하고 일반에 공개하였다. 1967년 동물원을 개장하고, 당시로서는 우

리나라에서 가장 긴 케이블카가 운행을 하면서 제법 공원다운 모습을 갖추었다. 정부는 1969년 금강공원을 태종대와 함께 정부지정 관광지로 이름 붙였다. 또 부산시는 1972년 부산시 문화재로 지정하고, 1974년에는 임진왜란 당시 전사한 주검들의 시신을 모은 '임진전망유해지총王辰戰亡遺骸之塚'을 동래에서 이전해 오면서, 금강공원은 국가의 이데올로기가 알게 모르게 관철되는 공간으로 변하였다.

임진전망유해지총(필자 촬영)

하지만 부산시민들에게 금강공원은 고된 일상의 스트레스를 풀어버리는 곳이었다. 금강공원 방문은 대체로 가족이나 직장동료, 계모임 등 단체로 찾는 경우가 많았다. 모여서 놀기를 좋아하던 시절이었다. 온천장에서 망미루를 거쳐 금강공원 입구로 향하는 길목은 그냥 지나칠 수 없었다. 인형뽑기, 공놀이, 풍선, 솜사탕, 방망이 사탕, 번데기 등 놀 거리 먹을거리가 꼬맹이들의 눈길을 사로잡는다. 길게 늘어선 매표소 앞에서 입장권을 사서 들어가 널찍한 소나무 숲속에 자리를 잡고 앉는다. 가장 먼저 하는 일은 기념 촬영이다. 카메라를 가져온 사람들은 제법 잘사는 집이다. 아니면 필름통을 짊어지고 다니는 촬영 전문 아저씨에게 부탁한다. 일본인이 남겨놓은 연못의 돌다리에 온 가족이 걸터앉아 자세를 잡는다. 엄마, 이모들은 몸을 45도로 비틀어 사진 아저씨들이 셔터 누르기를 기다린다. 숲속에서 이리 저리 미꾸라지처럼 뛰어다니던 꼬맹이들은 아빠의 목덜미에 기어올라 금강공원 기념 인증샷을 찍는다.

점심때가 되면 찰밥에 계란말이 반찬으로 즐거운 식사를 한다. 목구멍 가득 밥을 떠먹고는 사이다 한 잔으로 소화를 시킨다. 밥 숟가락을 놓기 무섭게 꼬맹이들은 놀이기구를 타러간다. 놀이기구는 1965년 공원이 개방될 당시부터 있었다. 우리나라에서 가장 먼저 생겼다고 한다. 놀이기구는 비행기, 회전목마, 다람쥐, 비룡열차, 날으는 양탄자, 밤바카, 다람쥐통 등 10여 개가 있었다. 물론 시기마다 조금씩 달랐다. 엄마를 졸라 얻어온 용돈으로 길게 늘어선 줄을 서서 설레는 마음으로 차례를 기다린다. 회전목마를 타면서 영화나 드라마 속의 연인들이 하던 모습을 흉내내 보기도 한다. 하나 타고 내려오면 또 다른 기구를 타고 싶다. 더 타고 싶은 꼬맹이와 못 타게 하는 엄마 사이에 실랑이가 벌어지기도 한다. 이런 갈등은 엄마의 팔뚝 매질과 꼬맹이이의 울음소리가 어울려져야 끝이 난다.

스트레스 받은 시민들의 힐링 공간

단체로 놀러온 아줌마 아저씨들은 숲속에서 장구 장단에 맞춰 노래와 춤을 추기 시작한다. 술도 빠지지 않는다. 커다란 바구니에 술을 넣어 다니면서 잔술을 팔던 아주머니도 이날은 대목이다. 해걸음이 되면 술에 취해 몸을 가누지 못한 사람들이 여기저기서 보인다. 풍기단속원들의 단속도 아랑곳하지 않는다. 금강공원에 '치마 주우러 간다'는 말이 유행하던 시절이었다. 여자들이 술을 마셔 치마 벗어지는 줄도 모르고 춤을 추고 놀았다는 말이다. 이렇게 내일이 없을 것처럼 떠들고 놀아야만 그동안의 힘든 생활을 조금이나마 잊을 수 있었다. 부산 시민들에게 금강공원은 투정을 받아주던 응석받이였다.

놀이기구도 타고, 나들이에 지쳐갈 무렵, 집으로 갈 채비를 한다. 나가는 길에 동물원에 들른다. 시골 시장에 약장사들이 데려온 원숭이 정도는 익숙할까 나머지는 생전 처음 보는 동물들이다. 울타리에 매달린 꼬맹이는 집채만 한 코끼리가 자기가 내민 과자를 먹어주기를 애원한다. 바다사자와 물개의 수영솜씨와 유연함에 관람자들은 넋을 잃었다. 조랑말을 탄 아이의 모습을 카메라에 담으려는 엄마의 움직임도 바빠진다. 암사자가 우리나라에서 처음으로 새끼 세 마리를 순산했다는 뉴스는 당시 동물원의 명성을 잘 보여준다. 하지만 2001년 이후 동물원은 문을 닫았고, 우리의 기억에만 남아있다.

부산시는 금강공원 재정비 사업을 추진하고 있다. 각종 놀이시설을 현대화하고, 테마공간을 만들고, 드림랜드 사업으로 가족 휴식공간을 조성한다는 적극적인 정책이다. 많은 자본을 투자해 관광객들을 불러 모으겠다는 생각이다. 자본의 욕망이 자칫 금강공원을 찾는 시민들에게 휴식보다는 스트레스만 주지는 않을까 걱정이다. 부산시가 금강공원을 개발하더라도 가족이나 친구들, 직장 동료들이 조용히 휴식하고, 일상에서 받은 걱정거리들을 조금이나마 내려놓을 수 있는 공간으로 만들었으면 한다.

금강공원 놀이기구와 살아온 사람

30년 이상 금강공원에서 놀이기구를 운영해 온 노부부로부터 금강공원의 지난 이야기를 들었다. 원래 온천장학회 부지였던 현재의 부지를 사서 놀이기구를 설치했다. 주변 놀이기구 부지가 시유지가 아니라 대부분 사유지라고 한다. 부산일보 사장이었던 김지태의 별장도 얼마 전까지 놀이기구 앞에 있었다. 사유지가 많아 부산시의 공원개발이 쉽지 않아 보인다.

처음 금강공원에 들어왔을 때는 관람객들도 많았다. 직장인들 야유회, 학생들 소풍, 가족들 나들이가 대부분이었다. 그런 만큼 놀이기구를 타는 고객도 길게 줄을 서서 기다리는 것이 당시 풍경이었다. 부부만으로는 운영할 수 없어 몇 명의 종업원들을 고용할 정도였다. 요즘에는 체험학습 나오는 유치원생들이 가장 중요한 고객이다. 서비스로 한 번 더 태워주기도 한다.

　노부부는 놀이기구와 청춘을 보냈다. 매일같이 기구를 관찰하면서 정비와 수리를 해 왔다. 그래서 기구와 고객들에 대한 애착이 남다르다. 혹시 대자본이 시설투자를 할 경우에 이윤만 목적으로 해 자칫 고객들의 안전이 뒷전일까 우려하고 있다. 요즘에는 놀이기구를 운영해서 수입을 올릴 수 없다. 주변 시설은 일부 철거되기도 하고, 관계당국의 철거요청도 계속된다. 그럼에도 금강공원을 떠나지 않는 것은 이곳이 부부의 삶을 같이해 온 친구 같은 존재이기 때문이다. 젊어서 공원을 찾는 고객들과 시간을 보냈다면 이제부터는 공원의 숲들과 함께하기를 기대하고 있다.

샘이 깊은 만큼 역사도 깊은 동래온천, 시민의 품으로

변광석

동래별장의 토폴로지

동래온천장 번화가에서 금강로를 걷다보면 온천1동 주민센터가 보인다. 그 뒷길을 살짝 접어들면 아주 긴 기왓담을 직각으로 쌓아놓은 골목이며 입구엔 고즈넉한 대문에 마주친다. 안으로 들어서면 고가와 연못, 수목이 늘어선 커다란 정원이 눈에 들어온다. 이곳이 유명한 동래별장東萊別莊이다. 지금은 야외결혼식 및 궁중한정식과 각종 코스요리로 알려져 있는 식당이지만, 원래 일제 강점기 초에 지어진 일본식 정원건축이었다. 해방 이후엔 방치된 별장이 미군에 의해 군정사무실과 휴양시설로 이용되다가 민간인에게 불하되어 고급 요식업으로 오랫동안 운영되어왔다. 1990년대 이후 한때 문을 닫았다가 2000년도에 재개장하여 현재의 모습이 되었고 APEC 공식 레스토랑으로 지정되기도 했다. 이처럼 동래별장은 일제 식민지권력의 흔적을 거쳐 미군정에 의한 시설로 사용되다가 급기야 시민의 품으로 돌아온 공간이다.

동래별장(양흥숙 제공)

역사를 품어온 온천

역사의 시계를 돌려 온천장의 유래를 보자. 온천장은 원래 금산리金
山里로서 백여 년 전에는 30여 호가 살던 자연마을이었다. 수려한 금정
산 기슭에 있었으니 금산마을이라 불렸다. 이곳은 일찍이 삼국시대부
터 온정溫井이 알려져 온천욕을 하면 아픈 사람의 몸을 치유해 주는 특
효가 있기로 유명했고, 고려·조선시대에도 많은 왕실종친과 양반문
인들이 왕래했다. 심지어 조선에 사신으로 온 일본인들도 온천의 효능
을 알고 동래온정에 일부러 들렀다 가는 해프닝이 더러 있었다. "1438
년(세종 20) 내이포(진해웅천)에 들어왔던 왜인들이 서울에 올라왔다가
되돌아가는 길에 모두 동래온정에서 목욕하는 바람에 길을 둘러서 달
리게 됨에 따라 사람과 말이 모두 지치게 되어 폐단이 많으니, 이들은
영산 온정에서 목욕하게 하고, 부산포에 정박한 왜인은 동래온정에 목
욕하도록 했다"고 한다(『세종실록』 20년 3월 1일). 조선 중기 문신 이윤우李
潤雨가 1617년(광해군 9) 노구의 스승인 한강寒岡 정구鄭逑를 모시고 동래
온천에 다녀온 일기 「봉산욕행록蓬山浴行錄」 등 알려진 얘기가 많다.
방문객들이 많이 이용하고 시설이 점차 노후해지다 보니 욕탕을 정비
할 필요가 있었다. 마침 1766년(영조 42)에 동래부사 강필리姜必履가 온
정을 대대적으로 고쳐짓고는 그 내역을 기록해 놓았다. 바로 온정개건
비溫井改建碑(부산시기념물 제14호)로서 1.4미터 높이의 아담한 비석으로
현재 녹천온천 앞 용각 안마당에 세워져 있으며 매년 용왕제를 지내고
있다. 이렇게 역사성이 깊은 온천이 정작 한일합방 이후로 일본인들에
의해 온천이 특화되고 개발된 것은 아이러니가 아닐 수 없다.

온정개건비와 욕조(필자 촬영)

일제강점기의 개발과 '근대 관광'

한말 이후 부산은 서구 근대문물의 영향을 크게 받았다. 일본 자본
가들이 부산에 대거 진출하면서 근대의 상징인 전기와 철도를 가설하
기 시작했다. 1909년 부산~동래 간 경편철도를 운행하다가 1915년엔
부산 도심에서 온천장까지 전차가 운행되기 시작했다. 이렇게 교통이
편리해지면서 관광객을 유치하기 위해 온천장의 개발이 가속화되었
다. 개항장 전관거류지에서 많은 일본인들이 온천장·금강공원·범어
사·통도사 등을 유람하는 붐이 일어난 것도 이때부터였다.

동래별장은 일제 강점기 대지주 하자마迫間房太郎가 지은 일본식 정원건축이었다. 그는 19세기 말 부산에 들어와 장사를 하다가 독립한 뒤, 토지약탈과 고리대 등으로 자본을 축적하여 동래·김해·양산·밀양 등에 많은 땅을 가진 대지주였다. 당시 부산에는 그와 같은 일본인 자본가들이 곳곳에 별장을 짓고 관광과 유흥을 즐겼다. 온천장에서 유명했던 여관 중에는 일본인이 경영하던 봉래관蓬萊館(농심호텔의 전신)·대지여관大池旅館 등이 있었다. 깨끗한 욕탕과 호사스런 시설을 갖추어 뭇사람들의 호기심을 자극했다. 봉래관 앞에는 큰 연못이 있었으니 지금의 허심청 앞이다. 연못은 온천천의 물을 끌어들여 만든 인공호수로서 나룻배를 타거나 물가에서 얘기를 나누는 사람들의 모습을 담은 사진은 잘 알려져 있다. 지금도 농심호텔이나 허심청에 들어가면 복도에 전시되어 있어 옛 모습을 생각게 한다.

처음 별장 자리에 있던 건물을 헐고 본관과 별관 등 확장 공사를 하면서 박간별장迫間別莊이라 불리기 시작했다. 전체 구조와 배치는 일본인 부자의 위세를 그대로 상징하고 있다. 일본의 고위 관리가 부산에 오면 머물기도 하고, 한때는 일본 왕족이 방문하기도 했을 정도였다. 먼저 "동래별장"이라 쓰여진 대문을 들어서면 공간을 하나씩 만날 수 있다. 첫눈에 진입로를 따라 아담한 숲 사이로 별장의 본관이 나타난다. 긴 복도와 유리창으로 장식한 목조 2층의 일본식 건물로서 해묵은 외벽 목재와 석조로 된 실내 목욕탕이 당시의 영화를 말해주고 있다. 다만 보수하면서 일부 목재의 교체가 있었고, 지금은 한정식 레스토랑으로 변해 실내의 원래 구조를 알 수 없다. 정원에는 각종 수목과 석물이 잘 조경되어 있다. 뒤편에 가면 일본인 구미에 맞춘 작은 연못과 돌다리를 감상할 수 있는 정자가 있고, 펼쳐진 오솔길을 따라 천천히 걷기에 좋다.

근대 개발의 붐이 일면서 온천장은 대단한 유명세를 탔다. 그러자 업주들은 손님을 더욱 많이 끌려고 애썼다. 1915년 온천장에 대욕탕을 신축한 조선가스전기주식회사는 입욕권과 철도할인권을 묶어 발행하면서 관광객을 끌어 모으기도 했다. 이른바 관광과 목욕을 묶어 파는 패키지상품이었다. 1922년엔 남만주철도주식회사가 온천장에 대형의 만철호텔을 세우면서 온천경영권을 주도했다. 당시 온천욕과 금강원관광을 선전하는 사진엽서나 안내도가 유행하여 뭇사람들의 관광선망을 자극했다. 이렇게 동래온천과 금강원을 하나의 위락권으로 만든 관광문화는 제국주의 일본의 자국민과 조선민에 대한 식민지 관광 육성책에 의한 것이었다. 유서 깊은 동래에서의 온천욕과 여행

일제강점기 동래온천장거리(김동철 제공)

경험담은 일본인들을 부관연락선을 타고 부산에 입항하게 만든 식민지 관광의 효과적인 홍보수단이었다. 이로써 대규모 숙박시설, 식당과 상점이 들어서고 화려한 벚꽃 가로수길이 열리면서 일본인을 위한 환락형 온천장으로 변해갔다.

영욕의 세월을 지낸 공간, 이젠 시민의 품으로

동래별장은 제국주의 강점기에는 일본인 수탈자본가의 별장이었다가, 해방 후 군정시절엔 미군들의 휴양시설로 내어주던 오욕의 세월을 거쳐, 비로소 한국인의 손에 들어온 반전의 역사를 담고 있는 곳이다. 민간에 불하된 이후 1960~70년대에는 부산에서 매우 잘나가는 고급 요정이었다. 소위 정·관·재계의 유명 인사들이 출입하던 곳으로 가야금과 장고의 장단에 부채춤을 추는 기생들이 즐비했으니, 하룻밤 연회가 끝난 이튿날엔 수십 벌의 한복이 별장 앞 세탁소에 들어온다는 소문이 파다했다. 필자의 학부시절에 농담 삼아 동래별장 기생구경가자고 종용하던 별난 친구도 있었다. 물론 당시 시세로 한 상에 백만 원을 호가했으니 감히 엄두도 못 낼 일이었거늘. 지금 동래별장은 격조 높은 한정식 식당을 비롯하여 야외결혼식, 민속공연 등이 펼쳐지는 마당이 되었다. 아늑한 공간 속에서 전통 궁중한정식을 비롯하여 다양한 음식을 맛볼 수 있고, 각종 연회를 열거나 공연을 감상하며 편안히 함께할 수 있는 복합문화공간으로 거듭나게 되었다. 동래구에선 매년 10월 '동래읍성역사축제'를 열고 있다. 동래읍성과 문화회관 및 온천장일원에서 다양한 문화놀이와 역사재현 마당이 펼쳐지는 흥겨운 한마당이다. 그 중에 녹천온천 앞 용각에선 동래온천용왕제 길놀이도 구경할 수 있다. 온천축제가 열리면서 동래스파토피아라는 명물도 등장했다. 지나는 길손들은 아무나 발을 담그고 피로를 풀 수 있는 노천족탕이다. 지난 영욕의 세월을 건어내고 이제 온천장은 시민과 관광객들에게 한발 가까이 다가온 친숙한 휴식의 공간이 되었다.

과거의 명성을 다시 한 번, 송도해수욕장

이상봉

최초의 공립 해수욕장

'우리나라 제1호 (공립)해수욕장', '동양의 나폴리', '1960~80년대의 추억' 등등. 이는 송도해수욕장 공식 홈페이지에서 나오는 선전 문구이다. 여기에는 이곳이 이전에 잘나가던 곳이었고 그러한 과거의 영광을 되찾기 위해 각고의 노력을 기울이고 있다는 설명도 빠지지 않는다. 이처럼 송도해수욕장은 현재보다 과거에 관해 더 자랑할 거리가 많은 곳인 듯하며, 역사가 긴 만큼 세대별로 서로 다른 다양한 추억을 간직하고 있는 부산의 명소이다. 송도는 명소라면 빠짐없이 따라붙는 최초, 최고, 최대 등의 타이틀을 많이 갖고 있다. 우리나라 최초의 공립 해수욕장이 들어선 곳으로, 그 어디에도 뒤지지 않는 천혜의 아름다운 경관을 지니고 있었기 때문이다.

행정구역상 부산시 서구 암남동에 속하는 송도는 워낙 이름이 알려져 암남동은 잘 몰라도 송도는 대부분이 알 정도이다. 송도라는 명칭은 '소나무 섬'이라는 한자어에서 유추할 수 있듯이 소나무가 섬처럼 우거진 숲에서 유래한다. 일설에 의하면, 작은 반도모양으로 바다를 향해 튀어나와 있는 현재의 송림공원 자리에 예부터 노송 수 만 그루가 숲을 이루고 있어, 소나무 송松과 반도의 도島가 합쳐진 것이라고 한다. 하지만, 명칭의 유래가 확실한 것은 아니며 다양한 설이 회자되고 있다. 그 가운데는 일제강점기 당시 부산에 살던 일본인들이 암남동 바닷가에 일본의 대표적 명승지인 마쓰시마松島라는 이름을 붙여 놓고 향수를 달래며 즐긴 것에서 유래한다는 설도 있다. 어찌됐던 송림이 섬처럼 우거져 있고, 그것이 맑은 바닷물에 비치면서 절경을 연출하고 있어 송도라는 이름이 생겨났으리라 여겨진다.

유원지로 개발되다

한적한 어촌에 불과했던 암남동 일대(송도)가 유원지로 개발되는 것은 일제강점기에 접어든지 얼마 되지 않은 1913년부터이다. 송도에서 가까운 남포동, 광복동 지역에는 개항 이후 일본인 전관거류지가 형성되어 있었다. 이들이 즐겨 찾던 곳으로 인근에 남빈해수욕장이 있었지만 항만 기능이 확충되면서 이는 점차 오염되었고, 따라서 맑은 물과 절경을 찾아 송도를 유원지로 개발하고자 하였던 것이다. 비록 당시에는 시내에서 송도를 오가는 방법이 산길이었던 현재의 송도 윗길이나 남포동 해안에서의 배편밖에 없어 불편하였지만, 일본인 민간 유지들은 송도의 풍광을 그냥두지 못해 앞장서 송도를 행락유원지로 개발하고자 하였다.

1922년 이들이 '송도유원주식회사'를 설립하면서 개발은 본격화되었다. 이후 잔교, 여관, 휴게소, 다이빙대 등의 부대시설이 갖춰지면서, 1930년대에 이미 성수기에는 하루 수만 명이 찾는 전국 제일의 해수욕장으로 명성을 얻게 된다. 편리한 위락시설과 빼어난 경치 그리고 시내와 가까운 지리적 이점 덕에 많은 저명인사들이 송도를 찾았으며, 특히 1934년 근대적 숙박시설인 송도호텔이 개업하고, 언덕위에 많은 요정들이 들어서면서 송도는 해수욕장으로서만이 아니라 경치와 풍유를 즐기려는 자들이 사시사철 들르는 유원지이자 각종 모임과 야유회가 개최되는 장소로 활용되었다. 당시 요정에서 내려다보는 송도의 경관은 조선 제일이었다고 한다.

송도의 장소성과 기억

송도해수욕장은 사람들에게 어떻게 기억되고 있을까? 송도에 얽힌 추억은 살던 자와 다녀간 자 그리고 각 세대별로 다양할 것이다. 1950년대부터 1970년대까지 송도는 신혼여행지로 명성을 날리던 이른바 국민관광지였다. 잘 빼입고 송도 구름다리 앞에서 찍은 인증 샷은 지금은 노년이 된 세대의 오래된 사진첩 속에 단골로 등장한다. 한국전쟁 당시에는 살던 자도 아니고 구경 온 자도 아닌, 억지로 밀려온 피란민들이 이곳에서 나름의 추억을 만들었다. 부산에 임시수도가 마련되면서, 당시 정계, 재계, 문화예술계의 저명인사들이 송도에 거처를 마련하거나 삭막하고 힘든 마음을 달래기 위해 송도를 자주 찾았다. 정치인 이승만, 이기붕, 박순천이나 시인 모윤숙 등의 별장이 송도에 있었고 디자이너 앙드레김은 여기서 고교를 다녔다. 전쟁이 끝난 후에도 송도의 추억은 대중가요의 가사 속에서 자주 재현되었다. 〈부산 부르스〉(1949)에서 서수남 하청일이 부른 〈팔도유람〉(1971)에 이르기까지 인기 대중가요에 송도가 등장하던 시기는 곧 송도의 전성기였다. 베이비부머 세대의 끝자락인 필자도 송도에 대한 아련한 추억을 갖고 있다. 어릴 적 거북섬 근처 바위에서 놀다 거꾸로 넘어져 이마에 훈장을 달았고, 바닷가에 마련된 부산 MBC 현장 스튜디오에서 진행하는 납량특집 노래자랑을 들으며 여름의 낭만을 즐겼다.

송도를 한 번이라도 다녀간 사람들이면 다른 곳에서는 흔히 볼 수 없던 케이블카, 구름다리, 다이빙대, 포장유선 등 이곳의 명물들을 잘 기억할 것이다. 예나 지금이나 진귀한 광경이나 시설은 장소성과 관련하여 오래 기억에 남기 마련이기 때문이다. 1925년 7월에 설치된 바다 다이빙대는 실내 수영장이 거의 없던 시절 부산 지역 유일의 다이빙대였다. 4~5m 높이에서 바다에 뛰어드는 쾌감에다 해변에서 150m가량 떨어져 있어 오가며 수영실력을 자랑하기에도 좋았다. 거북섬과 송림공원을 잇는 150m의 구름다리, 일명 출렁다리와 해수욕장 위를 가로지르는 420m의 케이블카는 1964년에 부산 최초로 설치되어 송도의 명물이 되었다. 해상을 지나는 케이블카를 타보고 마음까지 출렁이는 출렁다리에서 인증 샷을 찍기 위해 전국에서 관광객이 몰려들었다. 그러나 아쉽게도 이런 명물들이 지금은 없다. 다이빙대는 1987년 태풍 셀마로 크게 파손된 뒤 사라졌고, 케이블카는 적자누적으로 1988년 10월에 운행이 중단된 후 철거되었으며, 구름다리도 연육교로 대체되었다.

송도해수욕장의 명물들이 사라지게 된 것은 1970년대 후반 이후 급격한 오염이 진행되면서이다. 맑은 물과 푸른 숲으로 부산시 지정 문화재(기념물 제30호)로까지 선정되었던 송도는 아이러니컬하게도 이러한 경관을 찾아 모여든 횟집들과 언덕 위의 고급주택들로 인해 무너졌다. 무분별한 개발과 주택에서 배출하는 생활폐수로 인해 해수욕장의 수질은 똥이 둥둥 떠다녀 똥도라고 불릴 정도로 나빠져 해수욕장의 기능은 상실되고 회집타운으로 전락했다. 1982년에는 문화재 지정도 해제되었고, 여름철 하루 수만 명이 찾던 명소가 1990년대에는 불과 천 명 남짓 들르는 곳으로 급격히 퇴락했다. 2000년대에 접어들어 송도를 되살리기 위한 다양한 노력이 전개되어 다행히 새롭게 태어나곤 있지만, 무분별한 개발과 오염에 의해 옛 명성이 몰락한 만큼 이전의 아름다움 풍광과 진귀한 명물들에 얽힌 추억은 더욱 깊어진다.

송도해수욕장 개장 100주년과 송도 살리기

전국적으로 명성을 날리던 송도가 오염과 퇴락의 상징으로 전락하자 서구청은 2000년부터 송도연안정비와 친수공간조성에 의욕적으로 나섰다. 그 결과 수질과 백사장 그리고 주변 경관이 상당히 개선되었다. 송림공원에는 커플의 프러포즈 공간인 '청혼광장'과 전망대, 정자(송림정)가 설치되고, 음악분수, 조형등대, 인공의 송도폭포 등도 조성하였다. 송도와는 별로 지연이 없어 보이는 현인광장을 만들고 현인 가요제를 개최하는 대목에서는 기발함에 더해 절박감까지 느껴진다.

이러한 노력의 덕분으로 발길을 돌렸던 해수욕객들이 돌아와 2015년에는 약 740만 명이 송도를 찾았다고 한다. 서구청은 해수욕장 개장 100주년이 되던 2013년을 새로운 송도의 출발점으로 삼아 송도 살리기에 박차를 가했다. 아무래도 송도 살리기의 백미는 잊혀진 명물의 복원이 될 것 같다. 거북섬과 송림공원을 잇는 출렁다리, 해상다이빙대 그리고 천막 친 배위에서 유희를 즐기던 포장유선 등이 복원이 되었거나 복원을 앞두고 있다. 바람이 있다면 이러한 시설물의 복원과 함께 추억과 이야기가 살아날 수 있었으면 하는 것이다. 첨단 시설의 다이빙대와 더 높고 긴 출렁다리가 삐걱대지만 기름때 묻은 추억을 대신할 수는 없으니까.

MATSUSHIMA BEACH, BEAUTIFUL SEA-BATHING PLACE, FUSAN.
揚浴水海岸海島松き乚麗光風 (山釜)

일제강점기 송도해수욕장(김동철 제공)

송도해수욕장 다이빙대(부산광역시 서구청 제공)

현재 송도해수욕장(문진우 제공)

극장전劇場傳, 삼일, 삼성, 보림 트라이앵글

문재원

그들의 오마주, 혹은 늙은 영사기사의 낯선 꿈

준석, 동수, 상택, 중호. 네 명의 친구들이 달리고 달린다. 달리기의 종착역은 삼일극장. 영화 안에서 이 극장은 1970~80년대의 추억을 불러왔다. 영화 밖에서는 친구들이 달렸던 '친구의 길'이 관광지가 되고, 삼일극장은 영화 〈친구〉의 오마주가 되어 버렸다. 영화를 보러 오는 사람보다 영화관을 보러 오는 사람들이 많아지면서 유명세는 탔지만, 2006년 11월16일, 부산 동구 범일동 중앙대로 117번지 삼일극장은 간판을 내렸다. 당시 삼일극장은 전국에서 몇 안 되는 단관이었다. 이미 재개봉관의 흔적조차 더 이상 무색할 정도로 '비 내리는' 화면에 철 지

삼일극장 앞 친구의 거리(부산광역시 동구청 제공)

난 성인영화만 돌리고 있었던 삼일극장은, 어쩌면 간판 내리기 오래
전부터, 2층 낡은 영사실에서 필름을 돌리고 있는 지방 변두리 '알프
레도'(영화 〈시네마 천국〉에 등장하는 영상기사)의 오랜 '낯선 꿈'이었는지도
모른다. 현재 8차선 도로에 묻혔거나, 한참 거리가 먼 전자제품 가게
가 호객행위를 하고 있는 이곳에서 늙은 영사기사의 꿈을 꺼내 보는
것은 정녕 백일몽일까?

극장의 탄생

세계적 축제가 된 부산국제영화제에 힘입어 부산시는 유네스코 '영화분야 창의도시'에 지정되었다(2014.12.1). 영화도시 부산의 역사는 일반적으로 중구 남포동에서 그 기원을 삼고 해운대로 확장해나가고 있다. 그런데 이 길이 모름지기 직선이 아니라, 모퉁이 삼각지를 한 번 찍고 가야한다는 사실을 아는 이는 그리 많지 않다. 이 모퉁이 삼각지의 꼭짓점이 동구 범일동 삼일극장, 삼성극장, 보림극장. 재개봉관 트라이앵글이다. 물론, 이 세 극장이 전부는 아니다. 범일동의 금성극장(1956), 태평극장(1957)이 1980년대 초반까지 있었고, 이보다 일제 강점기부터 문을 열었던 초량좌(1914), 유락관(1921), 대생좌(1930), 대화관(1942)을 비롯하여 해방 이후 수정극장(수정동 1957), 대도극장(초량동 1958), 초량극장(초량동 1958), 천보극장(초량동 1960) 등이 생겨났다. 이들을 보면 부산영화의 대표명사 중구 못지않게 동구에도 많은 영화의 흔적이 있었음을 알 수 있다.

여기서 드는 궁금증은 번화한 주택지들이 밀집해있는 공간에 극장들이 몰려든 것은 무엇 때문이었을까? 하는 것이다. 한국전쟁 이후 이곳에 비슷비슷하게 문을 연 재개봉관들에 몰려들었던 관람객들의 수요는 공급을 요청했다. 이 극장들로 몰려든 주요 관람객은 인근의 조선방직, 국제고무, 삼화고무, 대선양조 등 부산의 경공업을 도맡았던 인근 공장의 수많은 노동자들이었다. 공장들이 하나 둘씩 떠나면서 대개 1970년 말, 1980년 초에 극장들은 문을 닫았지만, 삼일, 삼성, 보림극장은 1950~60년을 지탱하면서 2000년대 이후까지 우리 곁에 있었다. 또 다른 영화 1번지로.

삼일, 삼성, 보림의 트라이앵글

삼일극장은 1944년 조일영화극장이라는 간판을 걸고 재상영관으로 출발했다가 해방 이후 삼일극장으로 개명했다. 다시 제일극장(1949)으로 바뀌었다가 1950년대 삼일극장으로 변경되는 과정을 겪었다. 이 극장은 서울의 단성사와 흡사한 구조를 가지고 있다고 하여, 1966년 나운규를 주인공으로 하는 영화 〈아리랑〉을 찍으면서 이 극장을 단성사로 꾸미고 나운규의 장례식 장면을 촬영했다. 단성사, 나운규, 삼일극장으로 연결되는 이야기들은 얼핏 보아도 삼일극장이 만만한 극장이 아니라는 것을 짐작케 한다.

삼성극장은 이보다 훨씬 이후 1959년 삼일극장에서 불과 몇 미터 떨어지지 않은 곳에 나란히 하여 재개봉관으로 문을 열었다. 단층이었던 삼일극장에 비해 2층 건물 1,168석을 갖추어 제법 규모가 있었다. 이 극장이 2011년 5월 23일 문을 닫음으로 부산의 단관은 역사 속으로 사라졌다.

이에 반해 보림극장의 등장은 화려했다. 이들 중 외형이 가장 큰 보림극장은 1968년 현재의 자리에 개관되었다. 사실, 보림극장의 역사

삼성극장(김한근 제공)

보림영화관(남포동)
(한국영화자료연구원, 『부산극장사』, 2014)

는 이보다 훨씬 앞선다. 1955년 남포동에 건립된 보림백화점 내 2층에
자리를 잡았던 보림극장이 당시 범일동 조양직물공장 부지를 매입하
여 5층 건물, 1,473석으로 확장하여 개봉관으로 등록하였다. "항도부산
유일의 초현대식 최고의 시설 / 문화의 전당 寶林극장"(『부산일보』, 1968.
9.27)이라는 광고에서 개관 당시의 위풍을 엿볼 수 있다. 그러나 이 위
풍은 그리 오래 가지 못한다. 개봉관이었지만, 당시 영화배급이 남포
동 극장가 중심으로 우선 배급이 되었고, 현실적으로 보림극장의 영화
배급이 원활하지 못해서 개봉관의 체면을 유지하기는 어려웠다. 그러
다 보림극장은 쇼무대 중심 극장으로 탈바꿈하면서 새로운 전성기를
맞기도 했다. 1970년대 톱스타 하춘화, 남진, 나훈하의 공연에는 부산
전역에서 관람객들이 모여들어 장사진을 이루었다. 1980년 조용필 쇼
를 끝으로 쇼무대를 마감하고 2편 동시체제로 전환되면서 점차 쇠락
해 갔다. 남포동이나 서면의 개봉관과 격차를 더욱 벌이면서 1990년

대 이후 아예 성인물을 위주로 한 성인관으로 명맥을 이어갔다. 마주하고 있는 삼일, 삼성극장도 마찬가지였다.

"쇼를 보았네"

어린 시절 필자는 아버지를 따라 동래에서 보림극장까지 택시를 타고 〈여로〉 공연을 보러 갔다. 이것은 우리집의 큰 문화행사였을 뿐만 아니라, 이웃집 눈치 TV를 저녁마다 보러 다녔던 내가 이웃집 아이를 이길 수 있었던 역전의 기회였다. TV에 나왔던, 우리 일반 사람들과는 다른 세상에 살고 있으리라 믿었던 그 '대단한' 사람들을 실제, 진짜로 보았던 것이다. 당시 극장들이 소위 '리싸이틀'과 영화상영을 번갈아 하면서 하고 있을 때였다. 1974년 보림극장 하춘화 리싸이틀은 하루 5회 공연에 9천 명의 관객을 동원(『매일경제』, 1974.7.12)했다는 기록이 있다. 여기에 나도 한몫했으니 …… 어떻게 보면, 먹고 사는 문제가 더 절박하게 목을 겨누었던 그때 극장으로부터 날아오는 하춘화나 엘비스 프레슬리나 경아(영화 〈별들의 고향〉 여자 주인공)에 몰렸던 것은, 그래도 이것이 이 도시에 살기위한 교양조건으로서의 문화였거나, 현실의 누추함을 견디어 나가는 환상의 방법론으로 다가온 선물이었을 것이다. 특히, 인근의 시장과 국제고무 공장, 삼화고무 공장 등 주변의 상공업이 활발하던 때, 비록 한 물 빠진 영화라 하더라도 새 영화 간판이 걸리면 인산인해를 이루었다. 당시 암표가 극성했고, 가마니에 돈을 담았다는 일화가 있다. 그러니까 이 극장들은 당시 시내 개봉관으로 가지 못하는 인근의 노동자들이나 서민들이 예술을 수입하고, 새로운 유행을 만나던 문화공간이었고, 하루 종일 고된 노동에 막혔던 울혈鬱血을 토할 수 있는 카타르시스의 장소였으리라. 그뿐이던가. 1980년대를 지나면서, 삶의 막다른 골목에서 출구를 찾지 못하고 부박했던 내 인생의 그 시절, 퀴퀴하고 삐걱거리는 의자에 하루 종일 죽치고 앉아 본 전 뽑은 〈무릎과 무릎 사이〉 이본동시 영화는, 아니 이 삼류극장은 우리네의 찌질한 해방구가 되기도 했던가.

영화도시의 스토리텔링

영화 〈삼거리 극장〉(전계수 감독, 2006)은 음습한 삼일극장에서 극장을 맴도는 혼령들의 유쾌한 춤과 노래를 판타스틱한 코믹으로 불러내었다. 이 장소에서 기대하는 지속적인 울림은 무엇일까. 단순히 여기에 극장이 있었네. 60년 전 극장이 있었다는 표지판을 세워 이곳이 극장 자리였다는 것을 증명하는 일보다 더 간절함은 이 극장이 불러 모은 사람들과 그들의 시간을 마주하는 일이다. '영화 들어왔다', '하춘화가 내려왔다' 극장 앞으로 모여든 상기된 얼굴들을. 화려한 개봉관이 아니어도 너무도 유쾌했던 인근 여공들의 '고급진' 문화생활, 혹은 고단했던 하루와 비가 줄줄 내리는 스크린을 맞바꾸며 도시의 교양을 익혀나갔던 산 위의 이주민들, 금기의 구역에서 위반의 황홀감으로 희희낙락하며 질풍노도의 호기심을 채워나갔던 사춘기 학생들……이들을 주인공으로 한 필름이 한판 신나게 돌고 돈다. 그렇게 늙은 영사기사의 꿈은 알프레도가 토토에게 그랬던 것처럼, 동네 노천극장에서 다시 빛을 볼 수 있을까? 영화도시 부산은 스펙타클한 '영화의 전당'에서 확인되는 것이 아니라, 우리 일상의 거리에 흩뿌려져 있는 영화 같은 이야기들에서 만들어지는 일인 것을. 이 극장들의 환영幻影과 함께 맡아지는 음습한 냄새들이 짠한 것은 바로 우리 짠내 나는 나와 이웃의 일상이 돌고 돌기 때문이다. 그래서, 쉽게 떨칠 수 없다.

신사神社에서 부산탑 그리고 비보이들의 난장, 용두산공원

문재원

용두산이 뜨겁다

'부산탑, 청동의 충무공동상, 노랑 빨강의 꽃시계 그리고 그 앞에 부동의 자세로 긴장한 가족의 풍경' 이러한 프레임을 갖춘 사진 한 장쯤은 부산사람이라면 오래된 사진첩 어딘가에 끼워져 있다. 이 각도가 만들어지는 장소는 용두산공원. 가족사진의 단골 포토라인.

'부산을 한 눈에 담아낼 수 있는 아름다운 공원', '일제강점기의 아픈 역사', '부산 최고의 전망대 용두산공원' '부산여행에서 꼭 가봐야 될 곳' 용두산공원은 부산시민이나 외지인에게 '부산을 대표하는 공원', '대표적 관광명소'로 입소문 나면서 용두산공원의 계단이 연일 붐빈다. 또한 지자체에서는 이곳을 관광특구로 지정하면서 근대부산의 역사가 녹아 있는 장소성을 관광화하기에 여념 없다. 최근 용두산공원에 있는 부산의 랜드마크인 부산탑은 세계 최고의 등대를 표방하면서 부산항의 야경을 바꾸어 놓았다. 그뿐인가. 이 장소를 매개하는 문화적 실천들이 공원 마당에서 시민들에 의해 발산된다. 부산 안팎에서 용두산공원을 주목하고 있는 시선들이 폭증하면서 이곳은 주야晝夜로 뜨겁다.

근대 공원의 탄생, 내셔널리즘의 기획

용두산공원 일대는 근대도시 부산을 탄생시킨 역사성, 장소성과 함께 현재의 부산을 대표하는 상징적 공간으로 위치하고 있다. 1966년 부산의 근린공원으로 확정 고시된 용두산공원의 역사성은 조선 후기 숙종 대부터 대일창구로서 존재했던 왜관倭館에서 시작된다. 초량왜관의 중심부인 용두산 일대에 일본의 신사神社와 관수왜가館守倭家가 배치되었다. 원래 솔숲이 우거진 산이라는 의미로 송현산松峴山이라 불렸던 이곳은 신사가 들어서면서 일본에 의해 정치적 의미가 부각되는 장소로 강화되었다. 일제 강점기에 인근의 도시개발과 함께 용두산공원 조성사업이 진행되는 과정에서 용두산신사를 공원 정상으로 옮겼다. 이렇게 신사를 증설시키고 그 위격位格을 상향시켜서 용두산신사와 용두산공원이 정비되고 난 뒤에 용두산은 다양한 관치官治행

龍頭山神社 (山祭)

鮮詩海寺家司令郡橫圖書

용두산 신사 전경(김동철 제공)

사의 중심 공간 역할을 수행하였다. 권력자의 욕망을 실현하는 공간
으로 근대 도심공원, 용두산공원은 탄생했다.

한국전쟁 직후 1954년 12월 용두산의 화재로 피란민 판자촌이 불타
고 민둥산으로 변했다가, 곧 이 일대는 정비되어 공원지대로 다시 전
환되었다. 1955년 12월 22일 이승만 자유당 정권시절 이승만의 80회
생일기념사업 일환으로 그의 호를 따서 우남공원雩南公園으로 불렀다.
충무공동상 제막식과 우남공원의 명명식이 함께 진행되었던 과정은
내셔널리즘과 결탁된 공원사업의 성격을 드러내준다. 우남공원의 명
명은 일본에 의해 훼손된 민족성지에 이승만정권이 다시 대통령 이승
만의 이미지를 끼워 넣은 격이다. 다시 여기에 호국, 충신의 이미지가
강한 충무공 동상과 만나면서 용두산공원의 근대 구국의 장소적 성격
은 만들어져 갔다. 한편, 이후 이곳에 이순신동상-충혼비-어린이현

장비-4·19기념탑-국민교육헌장-자연보호헌장-해병대사령부탑 등 국가기억의 표상들이 지속적으로 배치되었는데, 이러한 작업 또한 국가프레임이 강조되는 국민되기의 수행성과 긴밀한 관계가 있다.

부산의 랜드마크, 부산탑

용두산 공원 전경(부산광역시 중구청 제공)
부산탑, 충무공동상, 꽃시계가 나란히 포착된다.

　　용두산공원이 당대적 차원에서 부산이라는 지역을 가장 직접적으로 매개하는 시점은 '부산탑'의 건립과 연결된다고 볼 수 있다. 신사가 있던 자리에 부산탑을 건립하면서 식민지 기억을 폐쇄하고 새로운 기억(부산 시민)을 만들어 나갔다. 1973년 전국체전에 맞추어 건립된 국내 최고 높이 120m의 탑에 대해 '부산의 번영과 안정' '우뚝 솟은 跳躍의 심볼' 등의 수식어들이 대동되었다. 이 탑은 부산을 상징하는 '등대'의 형상과 '경주 불국사 다보탑 지붕에 얹혀있는 보개寶蓋를 본 떠 만든' 것이라고 한다. 이때 경주는 단순히 지리적 차원만은 아니다. 당시 박정희정권 하에서 경주가 '국민만들기' 동원체제의 상징적 장소였던 점을 상기해 본다면 경주 다보탑이 왜 선택되었는지를 짐작해 볼 수 있다. 당시 "용두산공원에 드높이 치솟은 타워에 올라 부산을 내려다보라"는 주문은 부산탑이 부산을 어떻게 매개하는가를 단적으로 제시한다.

부산탑이 용두산공원에 새 명물로 들앉음으로 이미 부산의 대표적 관광지 역할을 하고 있던 용두산공원이 '부산'을 더욱 강력하게 포괄할 수 있었다. 부산의 랜드마크로서 부산탑은 과거나 현재나 내외부적으로 강력한 관광유인이 되었고, 이를 통해 용두산공원이 부산의 '대표적 관광명소'가 되는 데 톡톡히 한몫을 했다. 해발 190m의 높이 부산탑이 만들어내는 위 / 아래의 조망은 관광객에게 원근법적 풍경과 같은 원리를 내면화하게 한다. 부산탑에서 바라보는 산동네 풍경에서 근대부산의 역사를 읽어내게 하고, 부산항을 조망함으로 '부산의 역동적인 기상과 미래적' 시간을 추체험하게 한다. 한마디로 부산의 과거와 현재, 미래를 동시적으로 체험할 수 있게 함으로 '부산을 방문했다는 사실을 증명하게' 해주었다. 이때 부산탑은 단순한 건조물로 존재하는 것이 아니라, 부산을 조망하게 함으로써 부산의 이미지를 각인하는 장소로서 의미가 부여된다. 관광명소가 된 용두산공원은 한편으로 부산의 자긍심으로 자리 잡고, 부산의 구심적 공간으로 그 효과를 생산했다.

비보이들의 난장, 그리고 이후

　마땅한 놀이시설이 없던 시절, 도심에 있는 용두산공원은 세상에 없는 놀이공원이었고, 부푼 가슴의 청년들이 모이는 장소가 될 수 있었다. '한발올려 맹세하고 두발딛어 언약하던' 194계단, 계단 가의 점집들, 10시 통금시간의 숨바꼭질, 구름다리, 음악다방 등등은 용두산공원과의 기억을 연결했고 이야기를 만들어 나갔다. 관광객들의 발걸음만 부산탑을 향해 직진하고, 시시껄렁한 이야기들이 화려한 놀이공원으로 갈아타면서 공원公園은 공원空園이 되어갔다. 이 틈을 비집고 나온 비보이들의 춤판은 용두산공원을 다시 청년들의 놀이터로 만들었다.

　1990년대 중반 이후부터 '자연발생적으로 모여든' 청소년 춤모임에서 시작되어 전국적으로 번진 힙합무대. 현실적으로 청소년들의 야외마당이 없었던 지역의 현실 등이 겹쳐지면서 용두산공원은 새로운 장소가 되었다. '전국 힙합 메카', '비보이들의 성지' '용골춤판' 등으로 회자되는 힙합댄스마당은 용두산공원의 근대성을 탈근대적 놀이공간으로 전회하는 데 주요한 역할을 했다. 당시 부산시청의 이전(1998)으

중구청장배 **힙합경연대회**(부산광역시 중구청 제공)

로 용두산공원이 위치하고 있는 원도심이 점점 공동화되어 갔다. 그
런데 청년 주체들에 의한 '놀이'의 장소로 전환되면서 용두산공원이
새로운 장소성을 획득하게 되었다. 그러므로 힙합댄스마당이 단지 새
로운 볼거리라는 측면만이 강조되는 것은 아니다. 1990년대 이후 용
두산공원의 마당을 중심으로 전개되는 시민주체들의 여러 문화적 기
획들은 국가의 기획만으로 공공 공간의 공공성이 완성되지 않는다는
것을 보여주었다. 이러한 난장은 현재 용두산공원을 다이나믹한 젊음
의 공간으로 만들고자 하는 기획들과 맞닿아 있는 셈이다.

　용두산공원 일대는 '용두산문화의 거리'(1991)로, '용두산·자갈치 관
광특구'(2008)로 지정되면서 이곳의 역사·문화적 유산이 관광담론 안
에서 더욱 적극적으로 재구성되고 있다. 최근 역사적 자원을 활용한
공간재생은 그 장소의 역사성을 살리면서 문화경관을 만들어내고 있
다. 이럴 때, 이 장소만의 고유한 특성을 드러내면서 관광의 최대 이슈
를 만들어 낼 수 있다는 데 동의한다. 그런데 이러한 '장소화된 컬쳐노
믹스place-bound culturnomics'에 언제나 우선적으로 자본의 논리가 웅크
리고 앉아 있다는 사실을 목도하는 것은 유쾌한 일이 아니다.

사상공단·국제상사, 1970~80년대 부산경제를 이끈 신발산업의 메카

이상봉

부산경제의 토대가 된 사상공단

르네시떼, 홈플러스, 이마트, 하이마트 등 대형 유통업체들이 즐비하고 주변엔 아파트 단지가 빽빽하게 들어서 있는 사상구 괘법동 일대. 이곳은 이전에 한국 신발산업의 메카이던 국제상사가 자리하던 공단지역이다. 아직 수질이 완전히 회복되지 않은 삼락천이나 주변의 작은 공장들이 이곳이 1970~80년대 부산 경제를 이끌던 사상공단이었음을 암시할 뿐, 명품 가로공원을 갖춘 잘나가는 유통 물류단지로 완전히 탈바꿈한 모습이다.

옛 국제상사가 자리한 사상공단은 도심지에 산재해 있던 공장을 한

데 모으기 위해 1968년 착공되어 1975년 준공된 곳으로, 주로 신발·봉제, 주물·조립금속 등의 노동집약적 산업이 자리했다. 당시 도시 외곽 지역이던 낙동강 동안의 저습지에 공단이 조성된데다가 계획적인 단지 개발이 이루어지지 못하고 변두리의 일반주거지와 뒤섞이면서 공단이 형성되었기에 하수·폐수 시설이나 도로정비 등의 기반시설이 잘 갖춰지지 않았다. 공단에는 당시 한국경제의 주력산업이던 신발, 섬유, 화학공장 등이 즐비했다. 공단은 산업화와 함께 일자리를 찾아 도시로 밀려온 사람들에게 일터를 제공했고, 그들은 이곳을 삶터로 삼으면서 갖가지 애완과 추억을 만들어내었다. 청춘을 공단에서 일하며 보낸 이들이야 말할 것도 없겠고, 나이가 지긋한 대부분의 일반 시민들에게 사상공단은 부산 경제의 토대를 마련한 산업화시대의 아리고도 뿌듯한 기억으로 남아있지 않을까? 당시의 사상공단을 상징하던 국제상사 사상공장을 중심으로 산업화시기 부산의 모습과 우리의 추억을 회고해 보자.

신발산업의 메카로

국제상사를 이야기하자면 부산의 신발산업을 빼놓을 수 없다. 해방 이후 부산지역에는 일본의 생산기지를 넘겨받기에 유리한 지리적 입지 등을 발판으로 삼아 신발·고무공장이 우후죽순처럼 생겨났다. 말표 태화고무(1947년), 왕자표 국제고무(1948년), 범표 삼화고무(1954년), 기차표 동양고무(1953년) 등 아직도 기억에 생생한 유명 브랜드의 고무신공장들이 모두 부산에서 탄생했다. 초기에 이들 고무신공장들이 들어선 곳은 범일동, 범천동 등 동구 동천 변이었다. 동천의 산업용수와 접근성 그리고 인근에 몰려든 피란민들의 풍부한 노동력이 발전의 원동력이 된 듯하다. 1950년대 중반으로 넘어서면서 삼화고무나 국제고무 등은 종업원 1만 명이 넘는 거대한 규모로 성장했다. 그리고 1960년대 이후에는 신발산업이 국가의 유력 수출산업으로 장려되면서 저임금 노동을 기반으로 한 대표적인 수출산업으로 입지를 굳혀 나갔다.

신발공장이 사상공단으로 본격 진출하게 되는 것은 국제화학(1973년 국제상사로 사명변경)이 1972년에 단일공장으로서는 세계최대 규모인 사상공장을 완공하면서부터이다. 이후 국제상사 사상공장은 신발산업의 전성기인 1970~80년대를 대표하는 공장으로 그 입지를 굳혀 간다. 1992년 정부의 신발산업합리화 조치와 함께 사양길로 접어들기 이전까지 부산은 신발이 먹여 살렸다고 할 정도로 신발산업의 비중은 컸다. 당시 부산지역 제조업 종사자의 40%가량을 신발산업이 차지했으니까 말이다. 수출의 선봉, 신발산업의 메카, 세계최대의 단일공장 등 당시 국제상사 사상공장을 표상하던 용어들은 어느새 부산의 자부심으로 자리 잡았다. 지금은 쇼핑센터와 아파트 단지가 들어서 있는 국제상사 사상공장의 옛터를 돌아보면서 과거 잘나가던 시기의 영광을 먼저 떠올리게 되는 것은 그러한 외부적 표상의 영향이 강하게 남아있기 때문일 것이다.

노동자들의 애환과 추억

하지만 그러한 외부적 표상의 이면에 신발공장에 묻혀 산업화의 힘든 시기를 지나온 노동자들의 애환이 자리하고 있음을 잊을 수가 없다. 신발공장은 저임금 노동에 기반 한 노동집약산업인데다가 악취와 먼지 그리고 건강을 위협하는 화학약품에 상시 노출되는 열악한 작업장이었다. 공장 폐수 등으로 인해 삼락천의 고인 물은 화학약품 저장고를 방불케 했으며 근처를 지나가는 행인들까지 코를 움켜 막을 정도였다. 주변의 주택가에서는 아침에 흰 빨래를 널어놓으면 저녁에 걷을 때 검은 빛으로 변한다는 말이 공공연히 회자되었다. 일자리를 찾아 많은 사람들이 모여들다보니 공장 주변의 주거환경 또한 열악하기 그지없었다. 당시 공장 주변에는 이른바 '날날이 집'이라는 주거공간이 즐비했다. 당시 집주인들은 보다 많은 셋방을 놓기 위해 조금이라도 여유 공간이 있으면 방 1칸에 부엌을 달아 날날이 집을 추가했다. 한 집에 대여섯 개의 셋방이 딸려 있는 경우는 예사였다. 좁고 부실한 공간에 많은 가구가 모여 살다보니 힘든 것은 당연하지만, 거기서도 사람 사는 냄새는 진하게 묻어났다.

국제상사의 노동자들 가운데는 호남지역 등에서 돈벌러온 외지인들과 여공이라 불린 여성노동자들이 특히 많았다. 지금은 중년의 부산 아지매가 되어 있을 당시의 여공들은 고혈을 짜내는 강도 높은 노동환경 속에서도 나름의 희망과 추억을 만들어 갔다. 두고 온 가족의 생계나 동생들의 학비를 대기 위해 어린 나이에 산업전선에 뛰어든

감동적 사연은 당시로서는 흔한 레퍼토리였다. 육교로 연결된 통로로 공장과 기숙사를 매일 오가며 또 시간을 쪼개 인근의 구포여상에서 공부를 하는, 그야말로 주경야독의 치열한 청춘을 살아 간 여공들의 서사는 비단 국제상사 뿐 아니라 1970~80년대 우리의 시대상을 대변하는 것이었다. 지금은 아파트단지로 변해버린 국제상사 기숙사 건물터에는 이들 어린 여공들의 고통과 희망 그리고 부대끼던 청춘의 치열한 삶이 그대로 배어 있다.

신발산업은 저임금에 기반 한 전형적인 노동집약산업으로 강도 높은 노동력 관리에 의해서만 경쟁력을 유지할 수 있었다. 그러나 이어지는 잔업, 생산량 증대를 위한 공장새마을운동 등 노동자의 희생을 강요하는 안간힘에도 불구하고 한국의 신발산업은 중국이나 동남아 후발 국가들보다 나은 경쟁력을 유지하기가 점차 힘들어졌다. 오히려 생산량을 짜내기 위한 열악한 노동조건으로 인해 강력한 노동운동의 저항을 불러일으키게 되었다. 신발산업이 최고의 생산실적을 기록한 것은 1980년대 중반으로 당시 국제상사에만 15,000명이 넘는 종업원을 둘 정도였다. 하지만 1980년대 후반의 노동쟁의와 주요 바이어들의 이탈로 1990년대 초반 특히 1992년 정부의 신발산업 합리화 조치 이후, 삼화, 진양, 태화, 동양 등 부산의 대규모 신발공장들은 줄도산을 면치 못하게 된다. 1986년 모그룹의 해체로 한일그룹에 인수되었던 국제상사 사상공장 역시 생산라인을 대폭 줄이게 되었다. 국제상사 사상공장은 1992년 김해시로 이전하면서 사상공단 시대를 마감하게 된다.

국제상사와 부산의 신발산업

국제상사 사상공장의 흥망성쇠는 부산의 신발산업과 그 궤를 같이하고 있다. 신발산업이 절정에 달하였던 1980년대 중반 국제상사의 모기업인 국제그룹은 재계 순위 5∼7위를 기록할 정도로 부산을 대표하는 향토기업으로서의 입지를 자랑했다. 5공화국 정권의 재벌 길들이기의 시범케이스로 국제그룹이 공중분해 되면서 국제상사는 한일그룹으로 넘어갔고, 그 후 사상공장의 김해이전, 모 그룹의 부도와 법정관리, 매각 등을 거쳤지만 여전히 독자적인 브랜드를 가진 대표적 신발기업으로 자리하고 있다. 부산의 신발산업이 사양길에 접어들게 된 것은 값싼 노동력 중심에서 기술력과 디자인에 기반 한 경쟁력으로의 전환에 실패했기 때문이다. 이전만은 못하지만 신발산업은 여전히 부산의 핵심 산업이다. 2011년 기준으로 부산의 신발제조업체 수와 종사자 수는 230여 곳에 5,700여 명으로 전국대비 45% 전후를 차지하고 있다. 이 가운데는 자체 브랜드나 OEM으로 수백억 이상의 매출을 올리는 회사도 있지만 전체의 80% 가량은 종업원 20명 미만의 영세성을 나타내고 있다. 최근 들어 기능성 신발을 중심으로 한 새로운 수요가 창출되면서 신발산업은 노동집약산업이 아닌 첨단 R&D 및 디자인 산업으로 변모하고 있다. 이러한 추세에 발맞추어 부산시와 신발업계는 사상구에 신발산업 명품화를 위한 '첨단신발융합 허브센터'를 건립하는 등 새로운 도약을 준비 중이다. 모쪼록 신발산업 메카로서의 명성을 이어나갈 수 있는 발판이 되었으면 한다.

국제상사 사상공장(『국제신문』 제공)

구 국제상사 터 르네시떼 전경(르네시떼 제공)

부산의 인디문화를 허許하라, 사상인디스테이션

문재원

CATs 사상인디스테이션의 탄생

'특별시부산', '개차반밴드' '피버독스'. 다소 생소한 부산의 인디밴드들이 출동하고, '아우라지', '그랜드픽스'의 힙합무대가 열리고 주말이면 '불금파티'로 시끌벅적한 이곳은 클럽문화 1번지 '홍대 앞'이 아니다. 무대 위 아래 샤우팅이 신나게 퍼지는 여기는 부산의 '저쪽' 끝자락 낙동강변이다. 부산시는 부산개발의 상대적 소외지역이었던 낙동강의 동쪽 북구, 사상구, 사하구 등 강동권 개발에 대한 도심재생의 틀을 추진하기 시작했다. 이 과정에서 사상 도시철도역 빈터에 27개의 컨테이너를 활용해서 2013년 7월 'CATs 사상인디스테이션'이라는 문화재생

공간으로 개관했다. 공연무대, 전시 쇼케이스, 야외무대, 스튜디오, 레지던스 등을 갖추고 현재 부산문화재단에서 운영하고 있다. 이 공간이 놓여있는 자리는 서부 시외버스터미널, 도시철도, 부산—김해 경전철이 지나는 곳이다.

사상인디스테이션 전경(부산문화재단 제공)

주지하듯이 1968년부터 조성되기 시작한 사상공업단지는 사상의 장소성을 대표한다. 그리고 공단만큼이나 대표적인 또 하나의 키워드는 부산서부버스터미널이다. 사상지역이 서부경남과 전라도로 향하는 부산의 관문이라면 그 관문의 대표적 기능을 하는 것이 서부버스터미널이었다. 터미널을 중심으로 이곳은 언제나 오고가는 사람들이 붐비고, 물류 유통의 중심이 된다. 이미 고대 낙동강의 뱃길, 일제강점기 경부철도(사상역), 낙동장교(구포다리), 시외버스터미널은 이러한 교통의 요충지 성격을 잘 드러내 준다. 사람들의 이동과 물류의 유통은 왁자지껄한 소란스러움과 함께 역동적인 이미지를 내포한다. 이러한 역사성과 스토리를 안고 있는 이곳에 다양한 공연과 전시의 놀이판으로 재생된 '부산스러운' 컨테이너 아트 터미널의 탄생은 '사후적으로' 알리바이가 성립된다.

창조적 재생과 장소적 맥락

최근 도심재생사업에서는 장소성과 연결하여 문화적 공간으로 탈바꿈하는 사례들이 많다. 원도심의 또따또가도 그렇고 산복도로 이바구길도 그렇다. '또따또가'는 부산 중구 중앙동, 동광동 일대의 빈 상가를 리모델링해 만든 '원도심 문화창작공간'이다. '또따또가'가 위치하고 있는 원도심은 한국전쟁기 문화예술인들과 관련된 많은 스토리로 문화적 향수를 불러일으키고 있는 장소이다. 1990년대 이후 원도심이 쇠락하고 도심공동화가 진행된 이곳에서 2010년 문을 연 또따또가는 지역 예술인들의 지역문화 공간에 대한 욕망과 그 장소가 갖고 있는 역사문화적인 자원이 결합되어 '원도심 문화부흥'이라는 의미를 생산했다. 이처럼 전통이나 향수에 기대어 문화적 감수성에 호소하는 전략은 오늘날 도심재생에서 흔하게 발견할 수 있다. 그리고 이러한 공간재생 전략은 지나친 신화를 만들려고 한다는 비판도 있지만 상대적으로 설득력도 있어 보인다.

현대 도시의 창조적 재생은 언제나 과거의 전통으로부터 오지 않는
다. 이런 점에서 사상인디스테이션의 탄생은 기존의 장소가 안고 있
는 문화적 불모지라는 표상을 걷어내고 새로운 문화적 질감으로 공간
을 만들어가겠다는 시도와 연결된다. 창조적 재생은 결국 현재에 대
한 반성적 성찰을 바탕으로 미래의 시간을 재구성하는 일이다. 그렇
다면 근대 산업화의 시간에 장소를 고스란히 내주면서 문화적 인프라
를 채우지 못했던 문화적 변방, 사상에서 인디문화를 상상하는 일은
과히 급진적이고 발칙한 발상이다. 이 발칙한 발상이야말로 언제든지
환영할 일이다. 그런데 여기에서 또다시 드는 의문은 인디문화라고
하는 것이 '의도적' 혹은 재생본부의 강한 의욕만으로 지속되지 않는
다는 점이다. 그렇다면 사상인디스테이션이 풀어야 하는 과제가 보인
다. 자유로운 청년의 샤우팅은 시작되었으나, 그보다 더 중요한 것은
이 즐거운 놀이판이 제도적으로 환수되지 않고, 말 그대로 어떻게 자
유로운 '인디'의 형식으로 확장되는가이다.

부산의 인디문화, 청년문화운동

CATs는 Container Arts Terminal의 약자이다. 컨테이너. 예술. 터미
널. 이 셋은 서로 어울릴 것 같지 않은, 독자나 관객을 꽤 불편하게 하

는 불협화음이다. 그런데 바로 이 불협화음이 우리의 상상력을 증폭시킨다. 사상 인디스테이션이 특히 눈길을 끄는 대목은 '인디문화indie culture' 공간을 표방한다는 점이다. 인디Indie는 '독립적'이라는 뜻을 가진 영어 단어 인디펜던트Independent의 줄임말로, 자본에 종속된 기성 문화를 거부하고 창의적이고 실험적인 예술 활동을 펼치는 문화 독립군을 뜻한다. 특히 음악과 영화 분야를 중심으로 널리 퍼져있는 하나의 새로운 문화적 흐름을 말한다. 실험, 저항 등의 의미들을 속성으로 안고 있는 인디문화는 새로움과 다양성을 용인하면서 언제나 이질적인 것들이 상호교차, 접속하고 있다. 현실적으로 비주류, 주변, 언더, 대안, 청년, 하위문화 등과 개념이나 문화적 실천에서 겹쳐지는 부분이 상당하다.

부산의 인디문화는 사실, 그 역사가 만만찮다. 홍대의 인디문화가 1990년대 중반에 전성기를 이루었다면, 그리고 홍대거리가 대한민국의 인디문화의 상징적 공간이 되었다면, 부산의 인디문화는 이미 그 이전 1980년대 후반 밴드, 스트리트댄스, 독립영화 등에서 그 명맥을 찾아볼 수 있다. 그러나 1990년대 들어오면서 지방 부산의 열악한 문화적 여건을 견디지 못하고 서울로, 외국으로 떠나가면서 부산의 청년문화, 인디문화의 영역은 점차 무색해져 갔다. 그러나 2000년대 들어오면서 다시 대학가나 문화현장에서 청년문화에 대한 담론이나 문화적 실천이 산발적으로 진행되면서, 최근에는 '문화수도 부산' 건설의 중심에 문화적 '회춘'을 부르짖는 청년문화운동이 활발하다.

2014년 1월 11일 오후 '대안문화공간 아지트'에서 작은 세미나가 개최되었다. '협동하자'라는 주제로 진행된 이 행사는 『로치데일 공정선

구자 협동조합』의 번역자를 초빙해 영국의 협동조합 사례를 듣고, 그 모델을 지금의 지역 청년문화공동체에 어떻게 적용시킬 수 있을까에 대한 고민들을 주고받는 자리였다. 이 책이 나오는 데 아지트의 게스트하우스가 일정 역할을 하였다고 했다. 일반 주택을 개조해 공연장, 녹음실, 갤러리, 게스트하우스까지 갖춘 이 공간의 역사는 참 길다. 2003년 '대안문화행동 재미난 복수'에서 출발해 2008년 공간 '아지트'를 마련하고 힙합, 그래피티, DJ, 스트리트댄스, 미디어 아트, 퍼포먼스 등 다양한 예술창작 활동을 하고 있다. 이 공간의 힘은 장전동에만 머물러 있는 것이 아니라, 나아가 일본, 대만 등 국제적인 네트워크까지 형성하고 있다. 소위 '돈 안 되는' 문화행동을 지역에서 10년 이상 지속한다는 것은 말만큼 쉬운 일이 아니다. 대안문화공간 아지트가 보여주는 힘은 단순히 주류에 반反하는 청년의 한때 기질이 아니다(현재 아지트는 문화공간 B로 명명하면서 부산대 부근 장성시장으로 자리를 옮겼다). 이러한 문화행동이 일상생활의 창조적 실천으로 이어지고, 다양한 문화 저변을 쌓아가는 데 있다. 최근 청년 문화공동체 '아지트들'의 복수적 출현은 전지구적 자본의 이름으로 서열화, 획일화되는 작금의 시스템에서 탈주할 수 있는 동력을 보여준다. 사상 인디스테이션에 대한 환호는 이러한 기대 때문이다.

'다이나믹Dynamic 부산'으로

　사상 인디스테이션은 '서부산 인디문화의 보금자리'로 2013년 부산 10대 히트상품 안에 목록을 올렸다. 이것은 부산 인디문화의 부활에 대한 욕망이면서 설레는 기대치다. 최근 지역문화가 창조경제와 연결되면서 교환가치로 환산될 수 없는 문화적 시간을 경제적 시간으로 성급하게 환원하는 위험천만한 일을 종종 목도한다. 이제 탄생한 이 희한한 컨테이너 아트가 할 일은 '금 나와라 뚝딱' 요술방망이로 변신하는 것이 아니라, 오랫동안 낙후되고 불안한 지대에서 퇴화된 내 몸의 신명을 살려내는 일이다. 나의, 너의, 우리의 몸이 신명의 몸짓이 될 때 '다이나믹Dynamic 부산'의 효력이 발생한다.

사상인디스테이션 공연 장면(부산문화재단 제공)

신나는 놀이 '섬島', 사직야구장

조명기

프로야구와 사직의 응원

1985년 10월에 완공되어 그 이듬해부터 부산 연고 프로야구팀 롯데 자이언츠의 홈구장으로 사용되고 있는 부산시 동래구 사직동의 사직 야구장. 이곳은 부산 야구팬들이 '한국 야구의 성지'라고 으스대는 곳 이다. 유구한 역사를 지닌 야구장도 아니고 30여 년 동안 이곳에서 우 승 트로피를 들어 올린 횟수가 고작 두 차례뿐임에도 사직야구장이 이 같은 별칭을 얻게 된 데에는 부산 야구팬의 열정적인 응원문화가 큰 몫을 했다.

야구 실력은 최고가 아닐지 몰라도 부산 야구팬의 야구 사랑과 응

각종 체육관과 어깨를 맞대고 앉은 사직야구장(문진우 제공)

원 열기는 최고였다. 사직운동장은 처음엔 이동식 스탠드를 설치해 축구, 럭비, 하키 등의 스포츠도 함께 치를 수 있는 종합경기장으로 건설되었지만, 이내 프로야구가 이 운동장을 독점했다. 그도 그럴 것이 프로야구사상 처음으로 100만 관중 동원, 역대 총 관중 500만 동원, 5년 연속 100만 관중 동원 등의 기록이 이 야구장에서 달성됐다.

그뿐만 아니라 한국 최초로 야구인(고 최동원 선수)의 동상이 야구장 입구 한쪽에 세워지기도 했다. 롯데야구단의 전력 저하, 부산과 가까운 창원 연고 야구단의 리그 참가 등의 이유로 비록 2014년엔 만원관중을 보기가 힘들어졌지만, "한국에서 제일 열광적이고 부산만의 방식"으로 진행된다는 영국 BBC방송국의 보도(2012년 10월 29일)가 말해주듯 사직야구장에 모인 부산 야구팬의 응원문화는 독특하고 대단한 것으로 회자되었다. 이로 인해 사직야구장은 자이언츠 야구를 응원하는 동시에 응원 자체를 느끼고 즐기기 위해 찾는 공간이 되었다. 그래서 부산시는 이곳을 부산 관광 노선에 포함시켰다.

식민도시 · 주변 공간에서 벗어나

한국의 다른 야구장과 비교할 때 혹은 외부인의 시선으로 바라볼 때 사직야구장이 위와 같다면, 부산의 각 공간들의 형성과 배치 혹은 부산 시민의 관점에서 볼 때 사직야구장은 어떤 공간인가. 이를 살피기 위해서는 사직야구장 건설 이전의 시간으로 거슬러 올라야 한다. 사직야구장을 비롯해 아시아드주경기장, 실내체육관 등이 밀집해 있는 부산종합운동장 건립 이전에 부산의 스포츠 메카 공간은 구덕운동장이었다.

서구 서대신동에 자리한 구덕운동장은 일제강점기인 1920년대에 부산공설운동장으로 건립된 부산 유일의 시민종합운동장이었는데, 구덕야구장은 1971년에 세워졌다. 프로야구가 출범하기 이전 구덕야구장에서 열린 야구경기 중 가장 인기 있던 건 고교야구였다. 구덕야구장은, 타 지역의 고교야구부와 경쟁할 부산의 대표 고교야구부를 결정하는 공간 즉 현 소속 혹은 출신 학교에 대한 애정과 깊이 연결된 공간이었다. 애향심보다는 애교심이 더 강렬하게 표출되는 공간이었고, 사직야구장에 비해 상대적으로 상업성이 덜 개입된 공간이었다. 롯데자이언츠는 1982년부터 4년 동안 이 구장을 홈구장으로 사용했는데, 이 기간은 애교심을 애향심으로 확대 수렴 혹은 전환하는 시기였다.

식민도시 부산은 일본과의 통로였던 항구를 중심으로 각종 시설물들이 밀집해 있었는데, 이는 해방 이후에도 오랫동안 마찬가지였다. 그러다 1980년대 들어, 원도심에 옹기종기 모여 있던 각종 시설들이 도시 외곽으로 이전하기 시작했고 스포츠 시설물도 도시 외연의 확장에 중요한 기능을 담당했다. 도시는 단일 목표를 효율적으로 성취하기 위해 공간적 인접성을 강조하던 데서 벗어나 공간을 확장하고 분할한 후 각 공간에 특징적인 성격을 다양하게 부여하여 전체 공간의 위계 구도를 형성하는 방식을 택하기 시작했다.

당시 사직야구장이 들어설 일대는 이주홍의 소설 「지저깨비들」(1966)이 묘사했던 그대로를 거의 유지하고 있었는데, 미나리꽝이 그것이었다. 근대도시에 어울리지 않는 농촌의 풍경이 분할된 기능적 공간으로 재편되면서 도시 속으로 실질적으로 편입해들게 된 것이다. 사직야구장의 건설은, 부산이 식민지적 도시 배치 양식에서 탈피하고 대도시적 형상을 구축하는 과정과 맥을 같이 하고 있다.

놀이의 공간

3호선 지하철이 종합운동장역에 도착할 즈음이면 굵직하고 약간은 어눌한 남성의 목소가 여성 목소리를 대신해 안내 방송을 한다. 여타의 지하철 역 안내방송과는 확연히 다른 이 남성 선수의 목소리는 사직야구장의 성격을 특별한 것으로 구성해낸다.

노동·일상의 시공간과 구별되는 자유 그리고 독자적인 규칙의 시공간이 펼쳐질 것이라고 예고하는 듯하다. 지하철을 타기 직전까지 짓

야구장이 제공하는 해방감 그리고 '우리'를 실체화하는 봉다리(문진우 제공)

눌러왔던 노동의 압박과 각종 규율들은 남성 선수의 목소리 뒤로 슬
그머니 사라진다. 큰 목소리로 맘껏 노래를 부른다고 해서 고성방가라
는 경범죄를 걱정할 필요가 없으며 나 혼자 일어나 신나게 몸을 흔들
어도 이상한 사람 취급을 받지 않을까 하는 걱정도 없다. 신문지를 찢
어 흔들거나 붉은 봉지를 뒤집어쓰는 등, 지하철 남성의 목소리가 들리
기 전에는 용납되지 않았던 일들이 이곳에선 훌륭한 문화로 주목받는
다. 1만 원 남짓한 입장료만으로 억대 연봉 선수를 칭찬하거나 욕할 수
도 있는 공간이다.

정치권력이 우민화정치를 위해 혹은 애향심을 지역감정으로 변환
하여 정치에 이용하기 위해 프로야구를 생산했든 말았든, 견제하는 상

대 투수를 향해 '마'를 외치는 순간에는 아무 문제가 되지 않는다. 극적인 홈런을 친 선수의 이름을 외치며 손을 번쩍번쩍 들어올리는 관중들에게서 부마항쟁이나 6월항쟁의 기억을 떠올리려 하거나 희망을 찾으려고 하는 것은 회색빛 얼굴을 한 자들의 몫일 뿐이다. 롯데기업이 부산에 어떤 역할을 했기에 그렇게 '롯데'를 외치는지를 묻는 것도 어리석은 일이다. 사직야구장엔 선수들의 움직임 하나하나 때문에 짜릿하고 안타까운 감정들이 순식간에 그리고 집단적으로 뒤바뀌는 양상이 반복해서 넘실댈 뿐이다. 이곳엔 바깥세상과는 분명히 다른 나름의 규칙이 엄연히 있다. 정정당당한 승패라는 비교적 공정하고 투명한 승부가 펼쳐지는 동안 상대의 응원을 방해하지 않는다. 그래서 6시 30분부터 3시간 전후의 사직야구장은 부산 시민의 놀이 공간, 일탈의 공간이다.

그러나 섬

대형 라이트가 하나둘 꺼지고 사직야구장을 떠날 때, 몇몇 사람들은 목쉰 소리로 '롯데'를 외치지만 흥분의 잔여량은 그다지 많지 않다. 더는 낯모르는 사람과 하이파이브하지 않으며 한 목소리로 자신들의 바람을 외치지도 않는다. 귀갓길의 혼잡함을 걱정하며 종종걸음을 치는 사람들은 지하철 스피커를 통해 전해지는 강민호 선수의 목소리

하나로 간단하게 노동과 일상의 시간에서 탈출한 것처럼 또 그렇게 간단하게 일상세계로 돌아간다. 사그라지는 몇 개의 불빛을 인 채 어두운 실루엣만을 드러내고 있는 사직야구장은 거대한, 그러나 외로운 섬처럼 느껴진다.

감정의 배설 그것도 공통적이고 집단적인 감정(이쯤 되면 일시적이고 본능적인 감각 이상일 것이다)의 표출을 위해서는 사직야구장만으로 충분한가. 몇몇 지인과 함께 밀폐된 노래방으로 들어가 나 혼자만의 목소리를 마이크 안으로 뱉어내는 데 익숙해진 지금, 수많은 사람들이 넓고 개방된 공간에서 단순한 노래 몇 개를 목청껏 부르는 것만으로도 함께 즐거워 할 수 있는 경험은 그 자체로 소중할 터이다. 그러나 그런 경험이 사직야구장이라는 공간 안에서만 가능한 것이라면 그래서 그것이 감정의 구매라는 유통구조의 일부에 지나지 않는다면, 사직야구장은 일종의 섬일 것이다.

2002년 월드컵이 한국 전체를 사직야구장으로 만들었던 경험은 신선하고 소중했다. 그 같은 강렬한 경험이 계속될 수도 없겠고 또 그러하다면 피곤할 터이지만, 섬처럼 고립되어 있는 사직야구장은 우리 부산 시민들이 미묘한 감정을 섬세하고 거리낌 없이 표현할 수 있는 작은 놀이 공간들이 얼마나 필요한지를 반증하고 있는지도 모른다. 굳이 지하철 3호선을 타지 않아도 타인의 감정과 움직임에 온갖 종류의 반응을 보이면서 공동체를 감각적으로 경험할 수 있는 공간, 몇 번의 변화 끝에 연고성을 강조하기 위해 엠블럼으로 채택된 갈매기가 되지 않아도 즉 굳이 롯데(야구)를 통하지 않아도 내 옆의 사람을 이웃으로 느낄 수 있는 공간이 곳곳에 산재해 있어야 건강한 부산일 것이다.

화려하지만 외로운 섬 '영화의 전당'

손은하

수영비행장에서 센텀시티로

지금은 '센텀시티'로 알려진 이 공간은 이전에 수영 비행장이 있던 곳이었다. 그렇지만 이 이름을 기억하는 사람이 거의 없다. 그 이유는 쫓기다시피 나간 다른 여느 철거지역처럼 삶의 질펀한 이야기들이 회자되지 않음 탓인지도 모르겠다. 그러나 이제 이곳은 옛 추억을 덮고 부산의 가장 핫한 플레이스 중 하나인 '센텀 영화영상혁신지구 영화영상타운'으로 조성되어 부산이 영화도시임을 나타내는 새로운 랜드마크가 되었다.

부산국제영화제의 출발

　1996년 비경쟁영화제로 시작한 부산국제영화제는 한국 및 아시아 영화의 지원, 새로운 작가의 발굴, 세계 영화계에 아시아 영화를 알리는 국제적 규모의 행사다. 비경쟁부문으로 출범한 만큼 초기의 이 영화제는 예술영화와 비교적 쉽게 접근할 수 없었던 아시아의 수준 높은 영화를 중심으로 구성하여 새로운 관점에서의 영화제로 호응을 얻었다. 비관적으로만 보였던 영화제의 연이은 성공은 관객의 폭발적인 반응과 더불어 차가웠던 언론도 돌려놓았고, 부산 지역의 영상산업의 가능성을 열어주는 기폭제 역할을 하였다. 이에 힘입어 전용관인 '영화의전당' 건립이 추진되었고, 이곳은 2011년 제16회 부산국제영화제부터 공식 상영관으로 지정되어 개막식과 같은 다양한 행사들이 진행되고 있다. 그리고 수영만 요트 경기장에 위치해 있던 시네마테크도 2011년 9월 영화의 전당 안으로 이전하였다. 하드웨어가 구축이 되자, 이제 그 속에 필요한 소프트웨어들을 옮겨와야 한다는 논의가 이어졌다. 공공기관 지방 이전에 따른 혁신도시 건설 및 지원에 관한 특별법에 따라 그동안 서울에 있었던 영화·영상·게임 공공기관 3곳 중 영상물등급위원회가 가장 먼저 이전을 했고, 이어 영화진흥위원회, 게임물관리위원회의 이전이 뒤를 잇게 되었다. 지난 2005년부터 추진된 영상기관의 부산 이전 사업이 마무리 돼 이 도시는 명실상부한 영화도시로서의 기능을 갖추게 되었다.

효율성을 위한 장소성의 외면

우리의 기억 속에 영화와 관련된 오랜 장소는 지금의 해운대구가 아니라 중앙동, 광복동, 남포동 일대의 원도심이다. 2011년 '영화의전당' 건립 이전까지 부산국제영화제는 이곳 원도심의 장소성을 결합한 축제였다. 이곳은 한국 최초의 극장이었던 '행좌'를 시작으로 뒤를 이어 7개의 극장(송정좌, 부귀자, 부산좌, 동양좌, 변천좌, 질자좌, 욱관 1903~1915년 사이)이 밀집해 들어섰고, 한국 최초의 영화제작사인 '조선키네마주식회사'도 인근에 위치해 있었다. 이를 기념하기 위해 비프BIFF광장 내에 행좌가 있었던 곳에 표지석이 세워졌고, 유명 영화인들의 핸드프린트를 바닥에 수놓았다. 이러한 역사성은 부산 국제영화제가 왜 원도심에서 출발되었는가를 충분히 설명해준다. 영화제가 열리면 이곳을 방문하는 사람들은 영화관람 뿐 아니라 인근의 국제시장과 깡통시장에서 펼쳐지는 먹거리, 볼거리들을 즐기며 부산의 모습 중 가장 '날 것'을 경험하고 돌아갔다. 물론 해운대와 수영만 요트 경기장, 남포동 일대를 세 꼭지로 하여 부산의 해양문화를 경험할 수 있도록 기획해 여러 행사들을 진행하긴 했었다. 그러나 본격적으로 영화관련 다양한 시설들이 센텀시티에 집결되고, 그곳에서 부대행사까지 진행되는 이상 이제는 원도심이 함께할 자리가 점점 좁아지고 있는 것은 사실이다. 아마 이곳에서의 기억들은 점점 희미해진 채 예전에 영화관람을 위해 들렀었던 추억과 아련한 향수만 남아있게 될 날이 머지 않은 듯하다. 그렇지만 현대적 계산에 의한 '효율성'이 사회적 관계로 형성된 진한 '장소애愛'를 넘어설 수 있을까?

새로운 이미지 메이킹 '영화도시' 부산

　부산국제영화제의 연이은 성공은 이곳에 새로운 로컬리티를 만들어줄 공간을 기획하게 만들었고, 효율성을 위한 명분 아래 영화나 영상이 조금이라도 관련된 기관이라면 어떻게든 집결시켜 놓았다. 지금 논란이 되고 있는 '영화 박물관' 건립 또한 접근성의 문제를 내세우며 중구와 해운대구가 서로 유치하겠다고 대립하고 있다. 그렇지만 프랑스의 사회학자 '부르디외Pierre Bourdieu'는 공간적인 접근은 있지만 사회적으로 먼 관계는 오히려 더 큰 거리감과 상실감을 느끼게 된다고 한다. 물리적인 근접이 곧 사회적으로 느끼는 가까움은 아니라는 것이다. 공간적 접근으로부터 사회적 접근을 추론하는 것을 '환상'일 뿐이라고 일갈한다. 역사성과 장소성의 스토리가 없는 생뚱맞은 이곳 센텀시티에 이제 10여 년 정도의 이야기를 가진 '영화'라는 코드와의 이식 작업에는 아직도 좀 더 크고 작은 진통을 겪어야 할 모양이다. 또한 아직 대부분의 영화 제작사들이 여전히 서울에 남아있고, 음반, 비디오, 게임 및 공연물의 제작 역시 서울·수도권 중심으로 형성되어 있다. 굵직한 가지들은 옮겨놓았으나 그것에 달린 여러 잔가지들과 잎사귀들이 자연스럽게 따라와 함께 연동하지 못한다면, 부산은 이름만 유명무실한 영상도시로 전락할 지도 모르는 위험성이 남아있다.

'두레라움'의 기억

매년 10월이면 부산은 '부산국제영화제'로 인해 온 도시가 들썩인다. 거리마다 영화제를 알리는 배너들이 걸리고 '영화의 바다로 빠져보자', '이 영화 어때요?'라는 문구들이 언론사의 헤드라인에 걸리면서 축제가 시작되기도 전에 소란스러운 바람을 일으키고 있다. 어느 날 영화제의 중심 공간으로 홀연히 등장한 '영화의 전당'은 요란했던 레드카펫 행사와 유명배우와 감독들로 북적였던 10일간의 일정이 훌쩍 지나가 버리고 나면, 이제 고요함을 넘어선 공허함만이 현대식 건축물의 웅장함과 세련된 외관만이 덩그러니 남겨져있다. 물론 영화제 이외에도 다양한 기획과 프로그램들로 인해 바쁜 시스템이 소리 없이 돌아가고 있을 테지만, 막대한 예산과 더불어 거대한 공간으로 들어선 이곳 영화영상타운은 일반 시민들이 쉽게 다가서기 어려운 화려한 섬처럼 자리 잡고 있다. 혹시 '두레라움'을 기억하는가? 이것은 '영화의 전당'이라는 공식 명칭이 생기기 전 7여 년간 불렸던 이름으로 '함께 모여(두레) 즐기는(라움) 자리'라는 뜻을 지니고 있다. 영화의 전당이 영화와 관련된 '기능'을 하는 의미에 무게를 두고 있다면, 두레라움은 함께 어울려서 영화를 즐기는 '가치'에 무게 중심을 두고 있는 것은 아니었을까? 애칭으로 남겨두기로 했다는 두레라움이라는 이름의 흔적은 이제 가상공간의 주소(http://www.dureraum.org)에만 남아있을 뿐이다.

영화의 전당 야경(문진우 제공)

국제영화제 뒷이야기

　부산은 예전에도 굵직한 영화제를 치러낸 경험이 있는 도시 가운데 하나였다. 1976년 6월 15일～17일, 부산개항 100주년을 기념해 제22회 아시아영화제가 이곳 부산 시민회관 대강당에서 지방 최초로 개최되었다. 아시아 9개국에서 300여 명의 대표들이 참석해 극영화 20개 부문, 비 극영화 10개 부문, 그밖에 특별상 등과 함께 총 45개 부문을 시상한 국제 규모의 영화제를 성공적으로 개최한 바가 있다. 또한 '부산아시아단편영화제'는 1980년 12월 29일 제1회 '한국단편영화제'의 이름으로 부산에서부터 시작되어 '대한민국단편영화제', '한국창작단편영화제', '부산단편영화제'의 이름을 거쳐 지금의 부산아시아단편영화제BASFF의 이름이 되었다. 이렇듯 부산은 크고 작은 다양한 영화제를 개최하면서 국제적이고 독자적인 행보의 영화제를 구축할 수 있는 토대를 오래전부터 마련해놓고 있었음을 보여주고 있다.

해운대 아닌 자갈치,
BIFF를 품어 기른 건 '삶의 바다'다

조명기

1996년 때 이른 산타의 선물

"부산은 더 이상 문화 불모지가 아니다. 제1회 부산국제영화제가 열리고 있는 수영만과 남포동 극장가는 연일 인산인해를 이루고 있다."(『국제신문』, 1996.9.18) 당시 부산 언론의 달뜬 목소리처럼 부산국제영화제는 그야말로 산타의 선물처럼 찾아왔다. 1994년 말부터 부산 영화계가 꾸준히 추진하고 준비해온 덕분이기도 했지만, 일반 시민들에게 있어 영화제는 느닷없이 펼쳐진 축제였다.

더는 문화 불모지가 아니라는 당당한 자기 선언은 영화제를 통해 부산이 자신을 재발견하면서 느낀 흥분의 또 다른 표현이었을 것이다.

한국 제2의 도시라고는 하지만 당시 부산은 성장축을 상실한 후 새로운 경제 동력을 확보하지 못한 채 급속도로 침체해가고 있었다. 영화와 관련하여 한국 최초라는 수식어를 몇 개 갖고 있을 뿐 부산 영화는 물론이고 부산 문화 전체가 앙상함을 면치 못하고 있었다.

일할 곳도 즐길 것도 변변찮아 위축되어가기만 하던 때, 부산은 한국 최초의 국제영화제 개최 도시라는 선물을 받았다. 그리고 시민들은 1996년의 이 선물을 열정적인 축제로 승화시켰다. 지방에서는 좀체 만나기 힘든 배우를 보려는 욕심 때문이든 국제영화제라는 것에 대한 단순한 호기심 때문이든 접하기 힘든 국가의 영화에 대한 갈증 때문이든 그 모두가 영화제를 자신의 축제로 즐기는 나름의 방식이었다.

이런 열정에 가장 놀란 이는 우리 자신이었다. 위의 자기 선언을 호기롭지만 무력한 구호로 읽지 않고 간절한 희망으로 이해해야 하는 이유는 당시의 부산을 짓누르고 있던 자기 불신과 자기 비하가 그만큼 강했기 때문이다. 산타의 진짜 선물은 국제영화제 자체가 아니었다. 아예 성공을 의심하거나 기껏해야 2, 3회밖에 못 갈 거라던 서울 충무로 영화가와 뭇 도시의 회의적인 예상 속에서도 부산국제영화제를 역동적인 축제로 만들어낸 부산의 열정, 우리 자신조차 주눅이 들어 잊고 있었고 믿지 않았던 그 열정을 재발견한 것 그것이 산타의 선물이었다. 그래서 산타는, 1996년 가을 남포동 극장가를 가득 메우고 주변의 좁은 골목길을 몸 부대끼며 돌아다녔던 우리 자신이었다.

왜 부산이었나

당시 한국영화계가 급속하게 발전하면서 새로운 르네상스를 누리고 있었다는 것이 국제영화제 출범의 배경으로 작용했다. 1995년 이후 대기업의 거대자본들이 영화계에 본격적으로 유입되기 시작하면서 한국 영화는 제작에 활기를 띠기 시작했다. 그래서 훨씬 이전부터 조금씩 제기되어 오던 국제영화제 개최 요구가 본격적으로 논의되기에 이르렀다.

그런데 국제영화제 개최 도시는 왜 하필 부산이었나. 이 질문은 당시의 언론들도 심심찮게 던진 것이었다. 당시 집행위원장이나 언론들이 내놓은 답변 중 앞자리를 차지한 것은 바다였다. 칸영화제 등과 같은 세계적인 영화제를 예로 들면서 영화와 바다의 낭만성으로 강하게 연결시켰다. 서울 같은 엄청난 대도시도 아니고 한적한 소도시도 아닌 도시, 과거의 흔적과 현재의 유동성이 공존하고 있는 도시, 결정적으로 바다와 지척인 거리에 영화관이 몰려 있는 도시라는 점이 부산 영화계의 적극적인 노력과 더불어 국제영화제의 부산 개최에 중요한 이유가 되었다.

의도적인 것은 아니었겠으나, 국제영화제가 선택한 부산의 바다는 대로 하나를 사이에 두고 영화의 바다와 마주앉은 자갈치시장 앞바다였다. 그 바다는 비치파라솔로 뜨거운 햇빛을 피한 채 선글라스 너머로 힐끔거리는 바다 그래서 일상으로부터의 탈출과 원색의 수영복에 고무되어 과장된 웃음을 남발해도 무방한 바다 혹은 가늠할 수 없을 정도의 물 덩어리가 온몸을 뒤흔들며 울부짖어도 내 몸엔 물방울 하나 튀지 않는 채 멀찍이서 구경하는 바다가 아니었다. 오히려 그 바다는 오늘 밤의 먹을거리를 건져 올려야 하고 늙은 어머니의 약값을 캐내야 하고 아이의 학비를 낚아 올려야 하는, 곧잘 부산 삶의 현장으로 대변되던 바다였다.

남포동 비프광장과 어깨를 맞대고 앉은 국제시장 역시, 고통과 웃음 사이를 억척이라는 방식으로 헤매고 다니는 공간이기는 매한가지였다. 초창기 비프광장의 역동적인 축제는 자갈치시장 앞바다와 국제시장에 깊이 밴 삶에 대한 열정이 좁고 복잡한 미세혈관을 통해 그곳에 몰려들었을 때 가능한 것이었다. 중앙 중심의 집행진을 보며 느끼는 지방의 소외감은 비프광장의 열정에 어울리는 집행진의 뜨거운 노력보다 중요한 것이 아니었다.

열정과 불편 사이

좁은 광장과 골목의 열정은 흥미롭고 신기한 에너지를 주는 듯 소비되었지만 이내 불편함으로 받아들여졌다. 부산 연고의 프로야구단 홈구장은 좁고 낡은 구덕운동장에서 커다란 사직운동장으로 일찌감치 떠나갔고 시청 또한 연산동의 신청사로 옮겨갔다. 영화제 역시 2006년 남포동을 완전히 떠나 근사한 모습으로 해운대에 새로이 터를 잡

부산국제영화제 개·폐막식이 열리는 해운대 '영화의 전당'(문진우 제공)

앞다. 남포동 극장가의 눈치를 보며 셋방살이를 해야 하는 처지, 해외
유명 손님들의 숙박과 안전 문제 등이 해운대구의 적극적인 지원, 해
운대에 들어서기 시작한 최신식 영화관, 영화의 전당 계획 등으로 해
결되었다.

그리고 결과적으로 영화제의 바다는 자갈치시장 앞바다에서 해운
대 바다로 대체되었다. 영화와 바다의 결합은 여전했지만 이제 영화
제가 선택한 바다는, 삶의 터전으로서의 바다 대신 웅장하고 현대적
인 거대도시가 전망이라는 소비재를 독점하는 바다다. 이 바다는 복
잡한 골목과 좁은 광장 대신 과거의 흔적을 말끔히 밀어낸 빈터에 저
홀로 우뚝우뚝 뻗어 오른 아파트들 그리고 벡스코나 아시아 최대의
백화점 같은 센텀시티의 우람한 건축군들, 구질구질하고 답답한 일상

을 피해 바다 위를 매끈하게 휘돌아가는 광안대교 등과 이어졌다. 그리고 타인과의 부대낌을 최소화한 신속하고 질서정연한 귀갓길을 보장해주었다. 그 대신, 속절없이 드러나는 타인의 삶과 어둠 속의 나 사이를 가로지르는 몇 십 분 혹은 1시간 반 가량의 격절감이 수많은 이들의 몸과 부딪친 후 오롯이 나의 삶으로 바뀌어가는 과정 또한 송두리째 잘려나가 버렸다.

이제 영화의 바다는 우리 삶의 바다가 아닌 그들이 대상화한 바다로 변모해가는 듯하다. 아시아 영화 비중이 줄어든 반면 비아시아 영화가 그만큼 늘어났듯이 영화제는 세계적인 대도시의 경관과 닮은 곳을 찾아 들어갔다. 영화제가 영화산업으로 확장되고 영화진흥위원회 등이 이전해오면서 센텀문화산업진흥지구는 글로벌 영상특성화 도시로 기획되었으며 부산은 유네스코 영화 창의도시로 지정됐다. 하지만, 부산영화계가 영화제의 제대로 된 주인 노릇을 하지 못했듯 부산시민의 삶의 열정이 지금의 센텀지구와는 긴밀히 연결되지 못하는 듯하다. 오히려 이 공간은 영화·영상산업계의 임시수도 혹은 임대 사무실처럼 보인다.

2014년 부산국제영화제는 영화 〈다이빙벨〉 상영을 둘러싼 낯선 외압에 직면해야 했다. 영화제가 〈다이빙벨〉을 초청하자 부산시장은 영화가 정치색을 띠고 있다고 주장했고 문화부는 국고 중단을 통보했으며 지역의 한 국회의원은 영화를 불량식품에 비유했다. 이에 맞서 영화제는 영화를 상영해냄으로써 자신의 자율성을 주장했다. 그러나 영화제 폐막 후 감사원은 영화제 사무국에 대한 감사를 진행했으며, 영

화는 전국 각지의 영화관에서 매몰차게 내쫓겼다. 영화·예술·시민
사회단체는 그 배후에 영화진흥위원회가 있다고 주장했고 영화는 결
국 법정에까지 가게 되었다. 영화는 애도 표현과 진실 규명 촉구를 위
한 방식일 수 있다. 이에 대한 각종 외압 자체가 지극히 정치적인 것이
며 부산국제영화제 특유의 축제성을 훼손시키는 행위일 것이다.

3부

변모하는 공간, 공생의 삶터로

북항, 변모하는 부산항의 얼굴

이상봉

재개발 중인 북항

부산역에서 창을 통해 바다 쪽을 바라보면 멀리 바다를 가로지르며 형체를 드러낸 북항(부산항)대교와 그 앞에 파헤쳐진 공사현장이 눈에 들어온다. 북항 재개발사업이 진행되고 있는 현장이다. 북항 재개발사업은 신항 건설로 기존 북항의 항만기능이 이전된 것을 계기로 노무현 정부 때인 2004년 9월에 제안되었다. 이후 기본계획수립과 시민여론 수렴 그리고 관련법 제정 등의 준비에만 4년여를 거쳐 2008년 말에 비로소 착공하게 된 부산의 대표적인 숙원사업이다. 노무현정부에서 시작되어 이명박 정부를 거쳐 현재의 박근혜 정부에까지 이어오고 있으며 다음 정부에서도 계속될 대규모 장기개발계획으로, 8조가 넘는 사업비를 들여 중앙부두와 일반부두인 1~4부두 일대 150만㎡를 2020년까지 친수공간과 국제해양관광 거점으로 재개발하겠다는 것이 골자이다.

북항은 바다 길로 부산에 들어오자면 바로 맞이하게 되는 부산항의 얼굴이다. 재개발은 이러한 얼굴을 확 뜯어고치는 사업이다. '130여 년의 역사를 가진 부산항의 면모가 확 바뀝니다'라는 재개발 사업의 선전문구가 이를 잘 드러낸다. 항구의 면모를 바꾸는 사업인 만큼 계획이 발표되자마자 부산의 새로운 비전을 제시할 수 있는 사업으로 많은 관심이 집중되었고, 개발계획과 함께 발표된 '경제적 파급효과 31조 5천억', '고용효과 12만여 명' 등의 장밋빛 지표들은 부산의 미래가 이 사업의 성패에 달려있다고 생각할 정도로 부산 시민들을 기대에 부풀게 했다.

한창 공사가 진행 중인 재개발 현장을 보고 있자니 노무현 정부 막바지 개발계획을 최종 확정할 당시 지역사회를 들끓게 했던 논쟁거리가 떠오른다. 북항의 재개발방식, 즉 두바이 방식과 시드니 방식을 둘러싼 논쟁이 그것이다. 초고층의 랜드마크 빌딩과 비즈니스 센터가 즐비한 첨단도시 두바이와 오페라 하우스로 대변되는 친수·문화도시 시드니 가운데 어떤 곳을 개발의 주된 모델로 삼아야 할 것인가가 쟁점이었다. 당시 부산시민들은 북항이 시민의 공간인 친수공간으로 돌아오기를 선호했고 따라서 개발의 큰 방향은 시드니 방식으로 가닥 잡혔다. 경제 침체로 인해 그 어떤 지역보다도 경제 활성화와 일자리 창출에 배고파하던 당시의 부산시민들이 그래도 시드니 방식의 친수

공간에 더 많은 지지를 나타낸 것은 오랜 동안 자본과 권력의 논리에
의해 지배되어온 북항이 이제는 시민의 품으로 돌아와야 한다고 생각
했기 때문일 것이다.

북항에 얽힌 기억들

새롭게 바뀔 북항의 모습에 대한 기대는 그동안 북항이 걸어온 애
환의 역사와 의미에 대한 회고로 이어진다. 재개발이 역사와 의미의
단절로 이어져서는 안 되기 때문이다. 지금의 중앙부두와 1~4부두에
해당하는 북항의 공간은 일제강점기에 매축에 의해 형성되었다. 개항
(1876년)과 함께 부산에 들어온 일본인들은 약 11만 평의 전관거류지(초
량왜관)를 형성하여 살았다. 시간이 지나면서 점차 늘어난 일본인들은
더 많은 공간을 필요로 하게 되었고 이에 바다를 메우는 매축을 시작
한다. 해안과 산지 사이의 좁은 공간에 거주지가 한정되어 있는 부산
의 지리적 특성상 매축이 용지해결책이 된 것이다. 부산의 여러 곳에
서 매축이 이루어졌고 그 가운데 북항의 원형이 된 것은 1902~1905
년에 이루어진 '북빈(중앙동 일대)매축'이었다. 북빈의 매축지는 당시 부
산의 시가지를 형성하는데 중요한 역할을 하였다. 그곳에는 부두와
역, 세관 등의 공공시설과 근대적 상업시설들이 들어섰다. 근대도시
부산을 상징하는 공간이 된 것이다.

북항에는 일본 시모노세키를 오가는 관부연락선 부두와 조선내륙은 물론 만주까지 이어지는 부산역이 자리하고 있었다. 이에 북항은 그야말로 사람과 물자 그리고 정보가 넘쳐나는 번잡한 공간이었다. 막일하는 부두노동자로서, 흘러들어온 물건을 파는 잡상인으로서, 많은 부산사람들이 북항을 삶의 터전으로 삼아 살아왔다. 하지만 정작 북항의 주인은 되지 못했다. 북항은 거류일본인들이 자신들의 이익을 위해 매축하여 만들었고 일제강점기에는 조선총독부에 의해 관리되면서 조선을 수탈하고 지배하는데 기여했다. 그리고 해방 이후에도 폐쇄적 항만으로 운영됨으로써 일반시민들이 자유롭게 드나드는 공간이 되지는 못하였다. 그러기에 이제는 시민들의 공간으로 돌아오기를 바라는 마음이 더욱 간절하다.

비록 공간의 주인이 되지는 못했지만 많은 부산사람들이 북항과 관련한 애절한 삶의 경험과 이야기들을 품고 있다. 일제강점기 수많은 사연을 담고 오가던 관부연락선에 얽힌 이야기들, 해방과 함께 돌아온 귀환동포들로 붐비던 장면, 한국전쟁시기 모여든 피란민들 속에서 구호물자를 사고팔던 애환, 월남전 파병용사들을 배에 실어 떠나보내던 기억, 항구를 생계수단으로 삼아 거칠게 살아가던 부두노동자들의 고된 일상 등이 그것이다. 이러한 북항에 관한 기억은 비단 나이든 세대만의 것이 아니다. 자신이 직접 경험하지 않았더라도 부산사람이라면 북항에 관한 일정한 집단적 기억을 가진다. 북항의 과거 모습은 근대도시 부산을 상징하는 그림엽서나 사진자료를 통해 지금도 볼 수 있으며, 소설이나 영화 등 작품의 배경으로도 자주 등장하면서 부산다움의 상징으로 이미지화되었기 때문이다. 재개발로 새롭게 변모할 북항이 진정한 시민의 공간이 되기 위해서는 이러한 기억과 이미지가 단절되지 않고 이어질 수 있어야 한다.

어떤 얼굴로 만들어 갈 것인가

북항 재개발계획 속에 과거의 기억과 의미들이 자리할 곳을 마련하려는 노력은 그동안 다양하게 이루어져 왔다. 개항장도시 부산을 상징하는 옛 부산세관 건물(1979년 철거)을 복원하자는 주장이나 새로 국제여객터미널을 만들고 현재의 터미널에는 역사공원과 박물관을 두자는 제안 등은 그 대표적인 것들이다. 물론 재개발되는 공간에는 쇼핑·금융센터, 관광호텔, 요트계류장 등 상업적 시설들이 다수 들어서게 된다. 개발사업의 수익성을 고려할 수밖에 없는 구조적 한계 때문이기도 하지만, 재개발의 방향이 자본논리에 의해 결정될 가능성에 대해서는 항상 경계를 잊지 말아야 한다.

지난 2013년 9월에는 일부 변경된 북항 재개발 사업계획이 새 정부에 의해 확정·고시되었다. 주요 내용은 중심부 아일랜드에 수변공원과 해양문화지구를 설치하고, 해안가에도 2개의 거점공원과 수변공원 그리고 역사문화시설을 설치하는 등 친수공간을 늘여 사업의 공공성을 강화하겠다는 것이었다. 적어도 명목상으로는 재개발이 자본과 권력의 논리에 휘둘리지 말고, 시민을 위한 것이 되어야 한다는 부산시민들의 줄기찬 요구에 부합하는 것으로 환영할 만한 일이며, 또한 정권이 바뀌면서 장기 개발계획이 차질을 빚지 않을까 걱정했던 입장에서는 다행인 일이다. 하지만 재개발되는 북항이 명실 공히 역사와 문화가 살아 숨 쉬는 공생의 공간이 될 수 있을지는 사업부지 내에 몇 개의 공원과 문화시설이 있는가 만으로는 담보될 수 없다. 수많은 자본 중심의 개발계획들은 숨긴 채 보여 주기 식 친수공간만 부각시켜 드러낼 수 있기 때문이다.

북항에 얽힌 시민들의 다양한 경험과 기억들을 소중하게 여기는 생각 그리고 그러한 기억들이 공생의 공간을 만들어가는 중요한 밑거름이 된다는 자각이 충분치 않으면 언제든 자본과 권력의 논리는 쉽게 재개발공간을 장악해버리게 될 것이다. 부산시민들이 북항 재개발에 지속적으로 관심을 가지면서 때로는 발언을 아끼지 않아야 할 이유가 여기에 있다.

센트럴베이 프로젝트

'센트럴베이'는 북항 재개발의 사업명이다. 부산항 개항 이래 최대의 사업이라 할 수 있는 이 계획에 따르면, 북항 일대에는 3~4부두 쪽에서부터 복합항만지구(국제여객터미널), 상업업무지구, IT영상전시지구, 복합도심지구 등이 들어서고, 핵심공간인 중앙의 해양문화지구에는 부산오페라하우스, 테마파크 등의 문화·위락시설이 조성된다. 해안 쪽은 항만시설과 친수공간, 이면부는 복합도시기능 공간으로 활용되는 형태이다.

전체 사업면적 약 150만㎡의 77% 정도를 공원이나 친수 공간 등 공공시설이 차지하여 사업의 공공성은 높은 편이다. 이는 라운드테이블을 구성해 논의하는 등 지속해서 사업의 공공성 강화를 요구해온 시민사회의 노력이 있었기에 가능했다.

흔히 요코하마의 미나토미라이 등 항만 재개발의 선례들과 견주어 외형적으로 센트럴베이를 평가하곤 하지만, 그 공간에 자신만의 고유성을 담아내지 못하면 아무리 좋아 보여도 그것은 흉내 내기에 불과할 뿐이다. 고유성은 공간의 역사성과 깊이 관련된다.

지난 2013년 8월 소개된 민간의 용역보고서에는 국내 최초 해관을 기념하는 '해관광장', 6·25전쟁 당시의 '피난역사공원', 파월장병들을 기념하는 '파병광장' 등 부산항의 근·현대사를 재현하는 다양한 공간들이 제안되고 있다. 국제공모로 진행될 친수공간조성에 이러한 제안들이 제대로 반영될 수 있도록 생각을 모아가야 하겠다.

북항개발조감도(부산항만공사 제공)

월남파병(부산항만공사 제공)

20세기 격변기를 간직한 부산화교 삶의 터전

박규택

격동의 시대를 산 부산화교

중국은 과거 동아시아를 지배하였고, 현재 급속히 성장한 경제력을 바탕으로 세계의 경제와 정치 무대에 강자로 군림하기 시작했다. 그러나 중국의 힘이 아무리 강해지더라도 중국 영토 밖에 흩어져 사는 수많은 화교는 자기가 속한 국가 혹은 지역의 정치·경제·사회적 환경의 제약을 받을 수밖에 없다. 이러한 이치는 화교에만 적용되는 것이 아니라 강제로 혹은 자발적으로 일본, 러시아, 만주, 미국 등으로 이주한 재외 한인에게도 적용되고 있다. 더욱이 다문화사회로 진입하는 한국의 현실에서 한 세기 이상의 역사를 지닌 화교와 이들 삶의 터

차이나타운 입구의 상해문(필자 촬영)   사라진 '청관'거리의 표지판(필자 촬영)

전을 고찰해 보는 작업은 미래 다양한 인종(민족)과 함께 살아가게 될
한국 사람과 사회를 성찰해 볼 수 있는 좋은 기회이다.

　부산화교의 기원은 19세기 후반으로 거슬러 올라가며, 당시 조선을
둘러싼 청과 일본의 정치·경제 권력 다툼에서 비롯되었다. 부산에 청
국인(중국인)이 거주하기 시작한 시점은 1882년 임오군란으로 조선과
청국 간에 '조청상민수륙무역장정'이 체결된 이후이다. 그리고 부산
화교의 거주지, 즉 부산 차이나타운Chinatown은 부산 청국조계의 설치
로부터 시작되었다. 1884년에 설치된 청국조계는 초량(현재 부산역 앞)
에 터전을 마련하였고, 여기에 청국영사관이 세워지고 중국과 일본으
로부터 이주해 온 중국인이 거주하기 시작하였다. 이후 청일전쟁에
의한 일본 세력의 팽창과 일제 식민지 지배로 인해 부산 차이나타운
은 청국조계를 벗어난 지역으로 확대되지 못했고, 화교들은 총독부,
일본인, 조선인으로부터 고통을 받으면서 살아야만 했다.

짧은 희망과 긴 고난의 시대

해방 이후부터 1980년대 사이에 펼쳐진 부산화교의 변화는 미군정, 대한민국의 건국, 한국전쟁, 권위주의적 정부 등에 의해 일어났다. 해방 이후 대한민국 정부수립까지 시행된 미군정은 한국(부산) 화교에게 일시적이었지만 경제·정치적 희망을 주었으며, 이는 화교의 경제력 증대와 연합국 국민의 대우를 통해 구체화되었다. 미군정이 해방 직후 한국의 무역상대로 일본을 배제함에 따라 중국과의 무역이 급증하게 되었고, 이는 모두 화교에 의해 이루어졌다. 그리고 미군정은 식민지 지배하에서 '제국의 식민'이었던 화교를 연합국(중화민국)의 국민으로 인정하고, 이들의 재산과 생명을 보호한다는 방침을 세웠다.

짧은 기간 누렸던 한국(부산)화교의 희망은 대한민국과 중화인민공화국 건국, 그리고 한국전쟁을 통해서 좌절되었고 식민지 시대와는 또 다른 고난의 시대가 시작되었다. 대한민국의 건국은 대내외적으로 독립국가의 탄생을 알리는 행위이며, 국민의 자격을 규정하고 국가발전을 위한 다양한 정책들이 실행되었다. 미군정에 의해 연합국 국민의 자격을 부여 받은 화교는 대한민국의 건국에 수반된 '한민족 혈통'을 원칙으로 하는 '국적법' 제정에 의해 외국인(이방인) 신분으로 살아야만 되었다. 그리고 화교 경제력은 한민족 중심의 국가발전에 걸림돌이 되는 것으로 인식되면서 이를 해체(약화)하려는 다양한 법이 제정된 뒤 구체적인 정책으로 실행됨에 따라 급속하게 약화되었다. 설상가상으로 중국 본토에 중화인민공화국이 수립(1949년 10월 1일)됨에

차이나타운의 **복합성**(필자 촬영)

따라 화교의 중국무역은 치명적인 타격을 받게 되었을 뿐만 아니라
화교는 중화민국(타이완)을 자신의 국적으로 선택할 수밖에 없었다. 또
한 한국전쟁은 화교에게도 엄청난 고통과 피해를 주었을 뿐만 아니라
부산 화교사회를 공고히 하는 데 결정적 요인으로 작동하였다. 인구
변화를 보면, 1948년에 493명으로 전국화교(1만 7,430명)의 2.8%에 불과
했지만, 전쟁으로 인해 전국의 화교들이 부산으로 피난을 온 결과로
1952년에 4,182명으로 전국화교(1만 7,925명)의 23.3%를 차지하게 되었
다. 타지에서 온 화교들을 정착시키기 위해 청관거리 뒤편 영주동에
충효촌忠孝村이란 화교 피난민촌이 건립되었다. 그리고 전쟁 직후(1954
년)에 부산화교중학교가 설립되고, 다음 해에 부산화교유치원이 설립
되었다.

전쟁으로 인해 부산의 화교수가 급격히 늘어났고, 이에 따라 화교

의 거주지가 형성되었다. 그리고 전쟁 직후에 화교 교육기관이 설립됨에 따라 화교 사회와 문화를 자체적으로 (재)생산할 수 있는 '부산 차이나타운'이 공고화된 것으로 볼 수 있다. 전쟁으로 인한 미군의 참전과 주둔은 청관거리에 인접해 '텍사스촌'이라는 로컬에 뿌리를 두고 있지 않은 이색적인 장소를 만들었다. 이는 부산 화교와 차이나타운의 사회·경제에 직간접적으로 영향을 미쳤다. 텍사스촌은 원래 중구 중앙동에 있었지만, 1953년 11월에 일어난 옛 부산역 화재로 청관거리 이웃으로 이전한 뒤 미군 중심의 유흥가로 번창하였다. 1950년대 중반 이후부터 중앙집권적·권위주의적 정부는 국가경제 발전을 위해 외국인 자격으로 거주하는 화교의 사회·경제적 힘과 활동을 제약하는 여러 가지 법을 제정하여 실천함에 따라 이들의 삶은 고통스러웠으며, 많은 화교들은 대만, 일본, 미국 등으로 재이주를 하였다. 예를 들면 화교의 삶에 직접적인 영향을 미친 법과 규제는 '외국인출입관리법', '외국인토지소유제한법', '쌀밥판매 금지령' 등이다.

차이나타운과 다문화현상

1960~80년대를 거치면서 부산화교와 이들 삶의 공간은 크게 위축되고 거의 망각된 존재였지만 1990년대 초반 이후 화교는 국가와 지역 내·외부의 환경 변화로 주목받게 되었다. 외부 요인은 소련의 붕

괴로 탈냉전 시대가 시작됨에 따라 '적'으로 간주되었던 중화인민공화국과 러시아(구소련)와의 국교 정상화, 지구화globalization의 진전과 신자유주의neoliberalism의 팽창에 의해 국가 경계를 가로지르는 자본·노동·상품·인구의 이동성 증가 등이다. 내부 요인은 탈산업화에 따른 국가와 지역의 사회·경제 구조의 전환, 구도심 쇠퇴에 따른 재개발(혹은 재생) 전략 등이다. 이러한 시대적 변환 상황에서 지방자치 단체들은 해외 화교자본과 중국인 관광객을 유치하여 도심의 경제를 살리기 위한 소위 '차이나타운' 개발(혹은 재생) 프로젝트를 수행해 왔다.

부산시와 동구청이 1990년대 이전 부산화교의 중심 활동무대인 청관거리를 '상해거리'로 탈바꿈시키면서 부산 '차이나타운' 건설 프로젝트가 시작되었고, 이후 인접한 '외국인상가길(과거 텍사스촌)'을 포함시켜 '차이나타운 지역발전특구'가 탄생됐다. 상해거리의 명칭은 1993

차이나타운특구축제 포스터(필자 촬영)

년 부산시와 상해시가 자매결연을 맺은 결과로 탄생되었으며, 거리는 부산화교의 문화·역사와는 무관하게 중국풍의 상이한 조형물, 즉 상해문, 동화문, 아치문, 패왕별희 동상 등으로 조성되었다. 그리고 2004년 이후 매년 상해거리를 활성화시키기 위해 '상해거리 축제', '차이나타운 (특구)축제', '차이나타운특구 문화축제'란 이름하에 부산화교와 인근 주민의 직접적 참여가 거의 없는 이색적인 행사들로 꾸며진 축제가 진행되어 왔다. 상해거리와 차이나타운 특

텍스스촌의 경관(필자 촬영)　　　　　　　　　　차이나타운특구축제 장식물 설치(필자 촬영)

구의 조성과 이와 관련된 축제를 살펴보면, 부산광역시와 동구청이 100년 이상의 전통을 지니고 있는 부산 화교의 삶과 전통 그리고 생활터전(청관거리)을 세밀하게 고려하지 않고 화교자본과 중국인 관광객 유치를 통해 쇠퇴하는 구도심의 개발(재생)에만 초점을 두고 있다는 의심을 면할 수 없다. 일반적으로 1990년 이후 지방자치제 중심으로 건설된 한국의 차이나타운에는 "화교의 문화와 역사가 없다"는 비판을 받고 있다.

　부산 차이나타운 프로젝트는 부산화교의 문화와 역사를 충실하게 반영하지 못 했을 뿐만 아니라 세계화와 신자유주의의 진전에 의해 다양한 민족들이 한국으로 유입함에 따라 나타난 다문화현상을 능동적으로 수용하지도 못했다. 현재 차이나타운 특구에 위치한 상가는 한국어, 중국어, 영어, 러시아어 등이 혼용된 간판을 사용하고 있으며, 중국 음식점을 제외한 옷가게, 주점, 카드판매사, 관광사 등이 한국인, (한국계)러시아인, 조선족, 필리핀인 등에 의해 운영되고 있다. 또한 매우 다양한 외국인들이 관광으로 차이나타운 특구를 방문하고 있다. 한국과 중국 사이에 국교정상화(1992년 8월)가 이루어진 이후에 노동, 결혼, 유학, 여행 등의 이유로 한국(부산)으로 유입되는 신화교가 차이나타운 특구를 지속적으로 찾아 올 수 있는 방안도 모색할 필요가 있어 보인다. 향후 부산의 차이나타운이 명실상부한 차이나타운으로 발전하기 위해 구화교의 문화와 역사, 다문화현상, 신화교, 지역주민이 공생하는 전략을 세우고 추진해야 할 것이다.

인간과 자연의 공존을 묻는 낙동강 하구의 섬

박규택

을숙도는 한국 최대의 철새 도래지로 명성을 날렸지만 지금은 을숙 도대교의 개통과 개발 여파 속에서 생태적 지속가능성이 위협을 받고 있다. '섬島, island'은 고립된 황량한 자연적 존재에 불과한가? 아니면 인간에 의해 '개발 혹은 보존'되어야 할 대상일 뿐인가? 과학성, 합리 성, 자본축적이란 근대성과 자본주의 이념의 실행에 의해 대규모로 파괴된 자연은 인간의 무한한 욕망이 지속적으로 채워질 수 있는가를 묻고 있다. 낙동강 하구河口에 위치한 작은 섬, 을숙도는 자연의 경이 로움, 주민의 고단한 삶, 방문객의 낭만적인 추억, 국가와 자본 권력의

습지보호지역의 지도(필자 촬영) 　　　　　　　　　을숙도 철새도래지 표지석(필자 촬영)

작동 등의 의미와 역사를 간직하고 있으며, 이들의 고찰을 통해 우리는 자연의 가치 그리고 자연과 인간의 공존에 대해 깊이 성찰해 볼 수 있다.

상이한 시간의 지층과 (미)생물의 안식처

경상도 사람들의 젖줄이자 영남 사회와 문화의 토대가 된 낙동강의 강물과 크고 작은 섬들을 품고 있는 남해의 바닷물이 만나는 지점, 즉 낙동강 삼각주delta를 구성하는 여러 섬들 가운데 하나가 을숙도이다. 이 섬들은 장구한 시간을 통해 강과 바다 밑에서 자갈, 모래, 진흙 등이 쌓여서 만들어졌으며, 이에 관한 비밀은 을숙도를 포함한 낙동강 삼각주의 퇴적층(지하 50~60m) 속에 숨겨져 있다. 삼각주 퇴적층에 대

식물생태 안내도(필자 촬영)   습지경관(필자 촬영)

한 연구에 의하면, 을숙도가 탄생할 시점의 위치는 추운 기후(제4기 최종빙기, 1만 5,000년 전)로 인한 빙하의 확장으로 해수면이 지금보다 100m 이상으로 낮았고, 높고 낮은 산들로 둘러싸인 분지를 관통하여 대마도 쪽으로 흘러가는 긴 하천의 중간이었다. 그리고 중·상류로부터 내려온 돌과 자갈이 강바닥에 쌓였다. 이후 이 지역은 기후가 따뜻해지면서 빙하가 녹아 해수면이 높아짐에 따라 바닷물 속에 잠기어 거대한 내만(內灣)으로 변모하였고, 을숙도는 해안환경 속에서 모래와 진흙이 퇴적되면서 만들어지고 있었다. 당시의 자연환경 하에서 내만의 서북쪽 끝자락인 김해의 구릉지대에 신석기 시대의 사람들은 자신들의 거주지 앞에 펼쳐진 바다에 서식하는 굴, 조개 등을 먹거리로 정착 생활을 하였고, 이후 김해 일대의 부족들을 통합하여 고대왕국인 금관가야가 세워져 해상무역과 주변의 철광 산지를 활용하여 한동안 번성하였다.

지금으로부터 1,700년 이후 해수면이 조금씩 낮아짐에 따라 낙동강의 중·상류에서 공급되는 퇴적물이 쌓여 현재와 같은 삼각주의 모습

이 점진적으로 나타나기 시작하였고, 가장 북쪽에 '대저도'란 하중도
河中島가 생성되었다. 을숙도는 대저도 남쪽에 모습을 보인 여러 하중
도 가운데 하나이며, 섬의 남쪽 가장자리에 넓은 갯벌이 생성되어 수
많은 (미)생물들이 서식하게 되었다. 이들 서식처는 추운 북쪽과 따뜻
한 남쪽을 주기적으로 이동하는 여러 종류의 철새들이 머무르는 장소
가 되었으며, 낙동강 하구의 저녁놀과 함께 새들의 집단적 움직임에
의해 펼쳐지는 군무는 사람들에게 신비감과 황홀감을 선사하였다.

섬사람 고단한 삶과 이방인 낭만적 추억

　오랜 시간 동안 강과 바다 속에서 퇴적물이 쌓여 수면 위로 모습을
나타낸 을숙도에 언제부터 사람들이 거주하기 시작했는지는 알 수 없
다. 1930년 초반에 낙동강 본류가 동서로 나누어지는 지점인 물금 부
근에서 서쪽으로 흐르는 낙동강을 통제하기 위해 대동수문이 건설된
이후 낙동강 삼각주에서 농업활동이 본격적으로 이루어졌다. 그리고
대동수문은 낙동강 강물의 대부분을 동쪽으로 흐름에 따라 을숙도에
보다 많은 퇴적물이 쌓여 섬의 크기가 확대되었다. 무성한 갈대숲, 습
지, 모래벌판, 갯벌, 매서운 바람 등의 자연환경은 을숙도에 정착하기
시작한 가난한 이주자들에게 큰 고통을 주었고, 이러한 어려움 속에
서 이주자들은 거친 자연환경에 적응하며 살아가는 방법을 터득하였

다. 특히 가뭄은 담수가 부족한 을숙도 주민의 농사와 식수 확보에 큰 어려움을 주었고, 빈번한 태풍과 홍수는 섬의 저지대 농경지와 가옥을 침수시켜 재산과 인명 피해를 발생시켰다.

'낙동강의 파수꾼'으로 알려진 요산 김정한의 '모래톱 이야기'(1966년)는 일제 강점기 이후 1960년대까지 을숙도와 주변에 살았던 사람들의 아픔과 애환을 가슴에 와 닿게 묘사하고 있다. 1960년대 초반부터 1970년대 중반에 거주하였던 을숙도 주민의 상황을 보면, 주변의 하단동, 녹산면, 대저면, 명지동 등에서 그리고 멀리 떨어진 밀양, 창원, 고령, 함안 등에서 이주해 온 사람들이 주로 농사와 장사를 하면서 살았다. 주민 대부분은 생활이 어려웠고, 일부는 직접 경작할 수 있는 농토가 없어 품팔이 노동을 하면서 생계를 유지하였다. 농토와 함께 을숙도 주민의 생계에 도움을 준 것은 섬 주변에 펼쳐진 광활한 갯벌이다. 여기서 잡은 신선한 조개는 갈대숲 속의 물길을 따라 섬과 육지를 왕래하는 소형 어선으로 하단 나루터로 운송되었고, 이것을 구입한 상인들은 파란국물의 재첩국을 끓여 "재첩(치)국 사이소" 소리와 함께 부산 곳곳을 돌면서 팔았다. 을숙도 주민과 부산 사람들의 삶을 연결한 재첩국은 낙동강의 오염, 갯벌의 매립 등으로 인해 아련한 추억 속으로 사라지게 되었다.

을숙도와 낙동강 하구의 풍경 그리고 나룻배(터)는 부산과 경남 나아가 전국의 많은 사람들에게 아름다운, 혹은 잊지 못하는 체험과 추억의 장소로 남아있다. 수많은 방문객(이방인)들은 동트고 해질 무렵, 맑은 날과 흐린 날 혹은 사계절에 따라 시시각각으로 변화하는 낙동강 하구와 을숙도의 아름다운 모습을 기억(마음) 속에 혹은 글과 사진으로 포착하여 간직하였다. 을숙도를 처음 찾은 방문객은 2~3m까지 높이 올라간 갈대숲과 이들 속에 만들어진 뱃길, 갈대숲에 사는 새, 늪지대를 연결한 다리, 갈대 지붕과 울타리의 민가, 섬 주변의 갯벌과 생명체 등을 통해 자연의 다양함과 경이로움을 느끼거나 체험하였다. 1960, 1970년대 을숙도와 하단을 연결한 나루터 강변과 가까운 에덴공원은 전국에서 수없이 많은 사람들이 모여들어 낙동강 하구의 아름다움을 느끼면서 일상의 회포를 풀고, 문학을 논하거나 구상하고, 음악을 연주하는 곳이었다. 그러나 1970년대 이후 낙동강 중·하류에 건설된 공단들의 폐수에 의한 강물의 오염 그리고 1980년대 중반 낙동강 하구둑의 완공을 시작으로 인근 하단 지역의 아파트촌의 건설, 강서구의 개발로 인해 을숙도의 아름다운 풍경과 하단 나루터와 에덴공원의 장소성은 더 이상 유지될 수 없었다.

권력의 작동에 의한 추상적·합리적 공간화

1970년대 이후 중화학공업에 의한 한국 경제가 급속하게 발전하였고, 이에 따라 서울과 부산 등의 소수 도시로 많은 농촌사람들이 이주해 옴에 따라 도시 인구가 급속하게 증가하였다. 그리고 도심 내에 위치한 기존의 공업단지가 외부로 이전하거나 새로운 공장부지가 필요하게 됨에 따라 도시 외곽지역이 공업단지와 아파트 단지로 개발되었다. 사하구 하단동과 강서구 명지동을 연결한 낙동강 하구둑 건설 (1983년 4월 23일 기공~1987년 11월 16일 완공)은 섬 주민의 생활 터전이자 다양한 생명체의 활동 장소인 을숙도를 중앙과 지방 정부, 자본, 개발주의적 지배 권력이 작동하는 추상적·합리적 공간으로 변모시키는 계기가 되었다.

강서지구의 공단과 택지 개발, 삼각주의 농경지 염해방지, 용수확보, 부산과 서부경남(진해, 창원, 마산, 진해)을 잇는 교통로 확보 등의 다목적 하에 국가하천인 낙동강 하구에 현대건설이 10개의 거대 수문을 완공하였다. 이후 을숙도와 주변 지역에 많은 변화가 일어났다. 낙동강을 가로막은 하구둑과 함께 을숙도는 낙동강 서쪽 지역인 강서구와 물적·인적 교류를 원활하게 하는 다리 역할을 수행함에 따라 명지주거단지와 녹산·신호 산업단지의 건설이 수월하게 되었고, 진해 창원 마산 등 서부경남으로의 이동을 분산시키는 효과를 가져왔다.

을숙도는 차량으로 하구둑을 통행하는 많은 사람들에게 삶의 터전이자 생명체의 활동 장소가 아닌 차창을 통해 경치를 구경하거나 스쳐 지나가는 대상물로 인식되었다. 더욱이 낙동강 하구둑이 완공된 이후 주민 모두가 외부로 철거됨에 따라 을숙도는 사람이 거주하지 않는 섬으로 변모하였다. 또한 을숙도는 누가 어떠한 이념 / 가치 혹은 실용적 목적에 의해 유지(관리)될 것인가가 중요한 사회·경제·환경적 의제로 부상하게 되었다. 사람이 살지 않는 을숙도는 몇 개의 계획 공간들, 즉 상업 공간, 교육 공간, 보존 공간, 완충 공간 등으로 구획되어 이에 준하는 건축물이 건설되고 활동이 이루어졌다. 을숙도의 생태보존에 긍정적 역할을 하는 낙동강하구에코센터가 을숙도철새공원에 2007년 6월 10일에 준공되었다. 을숙도는 낙동강 하구의 변화 역사, 다양한 생물들의 안식처, 자연경관의 아름다움, 주민 삶의 애환을 간직하고 있기 때문에 국가 권력과 자본 축적 논리에 근거한 추상적·합리적 공간으로 설명할 수 없는 무한한 가치를 지닌 장소이다.

을숙도 일부의 토지이용 변화(필자 촬영)

하구둑의 거대한 수문들(필자 촬영)

풍요가 가져온 상실, 해운대

신지은

해운대에는 '집'이 없다

수영강을 경계로 해운대구가 시작된다. 수영강을 건너자마자 입구에서부터 기네스 월드레코드GWR로부터 공식 인증 받았다는 세계 최대 백화점인 신세계 백화점이 눈에 띈다. 말 그대로 새로운 세계가 지금부터 눈앞에 펼쳐질 테니 단단히 준비하라는 표지판 같다. 서서히 센텀시티, 영화의전당, 벡스코, 마린시티, 요트 경기장, 달맞이 고개와 해운대 해수욕장이 나타난다. 센텀시티와 마린시티를 지나다 보면 여기가 현실인가 싶다. 저 높은 곳에 사람이 살아도 괜찮을까? 저렇게 한꺼번에 지어진 많은 아파트가 나중에 어떻게 될까?

프랑스의 과학철학자이자 문학비평가인 가스통 바슐라르는 이미
오래전에 "파리에는 집이 없다. 대도시 거주자들은 포개진 상자에서
살고 있다"고 단언했다. 그는 집을 꿈꾸는 몽상가는 마천루에 지하실
이 없다는 사실을 상상하지 못한다며, 이런 집에는 뿌리가 없고 우주
와의 깊은 연대도 없다고 지적했다. 그의 눈에 마천루, 빌딩 등은 생명
이 없는 상자일 뿐 집이 아니다. 사람이 사는 집은 기하학적 공간을 초
월하는 것으로, 감성적인 특성, 인간적인 품격이 있다. 집은 인간의 일
상이 뿌리내리는 중심으로, 인간은 이렇게 집에 뿌리를 내리고 지속
함으로써 삶의 지속성과 견고함, 소속감과 내부에서 보호받고 있다는
감정을 갖게 한다. 그런데 지금 해운대에는 인간적인 품격이 있는 '집'
이 있는가? 도시적 삶을 이야기 할 때 우리는 도시를 살아가는 사람들
의 집단적이고 공동체적인 삶이 거주 공간에 표현되어 만들어 내는 특
정한 분위기에 주목해야 한다. 그리고 도시 공간의 재생 혹은 재개발
에 관한 논의와 실천의 방향도 역시 이 지점에서 출발해야 한다.

해운대에는 '과거'가 없다

  '동부 올림픽타운'이라는 이름은 참 아이러니하다. 세계 슬럼 퇴거
사건사에서 퇴거 주민수 통계를 살펴보면, 서울은 대단한 기록을 세
우고 있음을 확인할 수 있다. 그것은 1988년 서울 올림픽을 준비하면

서 서울시에서 대대적인 '인간 방해물 쓸어내기'(마이크 데이비스) 작업이 자행된 결과이다. 2008년 베이징도 올림픽을 준비하면서 서울의 전철을 밟았다. 그리고 그 사이 1996년 해운대에서 '인간방해물'을 쓸어내고 그곳을 차지한 아파트 이름이 '올림픽타운'인 것이다. 올림픽은 도시의 어둠과 과거를 대청소하는 도시미화 행사인가?

1990년대 말 지금 해운대구 우동 아파트 단지와 센텀시티가 들어선 자리에는 '승당 마을'과 '수영비행장'이, 그리고 마린시티의 한쪽 끝자락에는 '운촌'이라는 마을이 있었다는 것을 몇 사람이나 기억할까? 지금은 해운대가 관광휴양지를 곧바로 연상시키지만, 예전에는 포구였고 여기에는 어업이 성행하기도 했다는 것을 아는 사람은 몇 사람이나 될까? 지금 '동부 올림픽타운'이 들어선 곳은 1990년대 중반까지 승당 마을이 있던 곳이다. 1990년대 초 재개발 조합이 결성되었지만, 일부 세입자들의 반대로 계속 미뤄지다가 1996년 말부터 건물 철거와 강제이주 등 행정대집행이 시행되었다. 당시 23명의 세입자가 800여 명의 철거반원에 맞서 '골리앗 고공투쟁'을 시도했는데, 이것을 기억하는 사람이 몇이나 될까? 이들은 결국은 집도 잃고 실형까지 선고받았다. 당시 선고공판에서 재판장은 이 사태에 대해 "5공 시절 목동 사태가 1990년대에도 되풀이되고 있다는 점에서 가슴 아픈 현실"이라고 지적했다.

독일에는 상대방을 농담조로 '알테스 하우스altes Haus'라고 부르는 관습이 아직 남아 있다. 글자 그대로는 '오래된 집'이라는 뜻의 이 말은 주로 나이 든 사람들이 자신의 오랜 친구를 친근하게 부를 때 사용한다. 이것은 인간이 집과 얼마나 강하게 결속되어 있는지를 잘 보여준다. 집이 곧 자신의 친구라면, 자기 집에서 추방당한 자들은 단순히 집을 잃은 것이 아니라, 자기 친구, 심지어는 자기 자신으로부터 추방당한 것이 될 것이다. 마치 오래된 볼품없는 외투를 새 옷으로 바꾸기를 꺼리는 것처럼, 이들은 자기 공간을 떠나기를 필사적으로 거부한다.

과거 해운대를 고향으로 삼고 살았던 이들은 해운대를 '푸른 달빛을 / 명주 이불로 덮고 / 면사포 같은 파도를 / 자장가처럼 / 베고 자던 유년의 고향바다'(배교윤, 「바다, 그대에게」)로 기억하겠지만, 지금 이런 해운대를 기억하는 사람이 과연 몇이나 될까? 해운대에는 멋진 '강남스타일' 오빠들이 '눈이 부셔 쳐다볼 수 없는 부산여자'를 만나서 놀다 가는 핫 플레이스일 뿐이다.

그리고 최근 부산 해운대 부동산투자 시장이 일본, 중국 등 외국인 중심으로 재편되고 있는데, 비즈니스나 의료 관광 등을 위해 부산을 찾는 외국인이 호텔을 이용하는 것보다 주택을 이용하는 것이 경제적이

해운대 야경(부산광역시 해운대구청 제공)

라고 판단했기 때문이다. 게다가 부산시가 투자이민세를 도입하면서 부산 일부 지정 지역에 일정 액수를 투자할 경우 영주권도 얻을 수 있게 되어 이 변화는 탄력을 받게 될 것이다. 매매의 주체가 외국인이건 내국인이건 그것은 문제가 아니다. 다만 해운대의 다수 고급 아파트는 집이 아니라 투기 대상으로서의 상품, 잠시 머무는 호텔이나 세컨드 하우스일 뿐이라는 점이 앞으로 인간의 실존에 미칠 불안에 대해서는 짚고 넘어가야겠다. 인간의 기준점의 역할을 담당했던 집이 점차 가치 증식의 대상으로 변화되면서 기준점 자체가 유동적이게 되고, 따라서 인간은 자기 준거와 공동체 정신을 상실하게 될 수 있다. 어쩌면 우리 시대의 불안은 근본적으로 공간에 관련된 것일지도 모르는 것이다.

해운대에는 '리듬'이 없다

우동 마린시티, 센텀시티, 중동, 좌동 신시가지, 재송동과 반송 등은 해운대구라는 행정구역 명칭으로만 묶이는, 실은 각기 자기 내부를 향하고 있는 섬처럼 분리되어 있다. 이런 '도시 안의 도시'는 슬럼은 슬럼대로, 고급 아파트촌은 아파트촌대로, 구시가지는 구시가지대로, 신도시는 신도시대로 서로 연속성을 갖지 못하고 분리되어, 한 쪽의 삶은 다른 한 쪽의 삶에 전혀 영향을 미치지 않는다. 외부에 배타적인 이 공간은 출입이 통제되는 '게이티드 커뮤니티gated community'로, 여기에서는 도시라는 의미의 공중 생활은 사라지고 각기 다른 사적인 생활의 연장만 있을 뿐이다.

유서 깊은 도심 공동체를 뿌리 뽑는 부산 해운대 재개발이 만들어 낸 '도시 안의 도시(○○시티, △△타운)'는 개발 담론이 공간화한 결과로, 주거 및 일상생활과 관련된 가치, 욕망, 정신구조 등을 획일화하는 공간이기도 하다. 이것은 모든 추한 것들, 예컨대 저개발의 흔적과 빈곤, 이 공간에 어울리지 않는 인간 등을 모두 쓸어내고 아름다운 '그들만의 명품 도시'를 추구하는 것이다. 이질적인 것들은 모두 불도저로 밀어낸 후 소단지를 차례로 이식하는 방식으로 형성된 이곳에는 도시의 다양성이 제거되어 있다. 재개발이라는 이름으로 오래된 건물은 철거되고, 이렇게 해서 만들어진 신도시에는 새 건물의 비싼 임대료를 감당할 수 있는 프랜차이즈 가게와 고급 아파트만 들어서게 된다.

해수욕장과 섬, 낮은 언덕, 오래된 구역과 최첨단 구역이 만들어내는 복합적인 리듬과 도시적 삶의 스타일, 도시의 침묵과 수다, 시간에 따라 새롭게 표현되는 건축물의 볼륨과 양상, 이 다양성이 해운대를 매력적인 공간으로 만든다. 그렇지만 해운대의 성공은 자칫 실패로 귀결될 수 있다. 왜냐하면 지금 해운대가 누리는 성공은 이 공간을 둘러싼 열띤 경쟁을 촉발시켰고, 이 경쟁의 끝에 해운대를 차지하게 될 것은 경제적인 힘일 가능성이 크기 때문이다.

결국 해운대에 남게 될 것은 최신식 아파트와 고급 백화점, 프랜차이즈 상점일 것이다. 그리고 고급에 걸맞지 않는 우리는 여기에서 영원한 이방인이 될 것이다. 고요한 밤도, 과거도, 고유한 리듬이나 공동체적 삶의 모습은 사라지고, 밝고 화려한 한여름 낮의 리듬만 계속될 것이다. 해운대의 리듬은 가속도를 띠고 있지만, 그것은 쉬이 사람을 권태롭게 만드는 단조로운 리듬이 될 것이다. 지금 "울던 물새도 어데로 가고 / 조각달도 흐르고 / 바다마저도 잠이 들었나 / 밤이 깊은 해운대"(〈해운대 엘레지〉)를 기억하는 사람이 몇이나 될지?

바다 위의 길 광안대교

하용삼

불꽃으로 빛나는 푸른 다이아몬드

2013년 10월 26일 광안대교에서 제9회 부산불꽃축제가 열렸다. 해마다 불꽃이 커지고 화려해지면서 국내 최대의 불꽃 축제가 되었다. 이 축제를 보려고 광안대교에 몰려드는 인파도 100만 명을 훌쩍 넘었다. 광안대교가 완공된 지 겨우 10년 되었는데, 단 하루 저녁에 100만 명이 찾아오는 축제가 되었다. 불은 인간을 포함한 모든 동물을 제압하는 힘이 되었고, 이제 불은 그 빛의 다양한 형상으로 인간을 유혹하게 되었다. 이제는 잘 느낄 수 없지만 비오고 추운 날 아궁이에 타는 훈훈한 장작불에 옷도 말리고, 장작 타는 냄새와 더불어 자신을 되돌

금정산에서 바라본 광안대교(필자 촬영)

아볼 때, 인간에게 불은 외부와 내부의 어둠을 동시에 날려버리는 힘이었음을 느낄 수 있었다. 하지만 광안대교에서 화려하게 빛나는 불꽃은 보아야 할지 말아야 할지 갈피를 잡을 수 없다. 광안리 바다에 불꽃이 일면, 하늘을 훤히 비추는 불꽃과 더불어 일렁이는 파도의 검은 거울에 되비치는 불빛들이 일시에 다른 모든 감각을 정지시키고, 화려한 불빛에 눈을 멀게 하는 빛의 스펙터클에 마음을 잃고 빛을 좇는 군중이 된다.

나는 광안대교를 금정산 한 자락에서 보면서, 그냥 부산의 앞바다를 보는 것이 아니라, "아 저기 광안대교가 보이구나!" 하면서, 바다가 보이는 높이에만 서면, 보이는 저것이 내 눈에 즐거움을 안겨주었다. 혹시 안개라도 끼어서 광안대교가 안 보이기라도 하면, 날씨가 맑으면 저기 어딘가에 광안대교가 있을 것이라고 생각하며, 흐린 날씨를 탓하며 못내 아쉬워했다. 내가 높이 서서 바다로 시선을 향하면, "광안대교가 어디쯤 있을까?" 하고 찾기 시작한다. 이제 광안대교는 바다를 대신하게 되었다.

불이 환히 들어온 광안대교에서 광안리를 바라보니, 아늑한 해변에 반짝이는 불빛을 받은 파도에 싱그러운 생동감이 가득 넘치고 있었다. 호를 그린 해변의 상점 하나하나의 조명들에서 흘러나오는 불빛이 파도에 반사되어서 넘실대는 반달거울에 햇살이 비추는 것 같았다. 택시가 남천동부근의 대교 끝에 들어오자, 택시기사는 MB시절에 에너지 절약의 일환으로 광안대교의 조명을 한동안 밝힐 수 없었는데, 이 때문에 광안리해변 상점의 매출이 30%정도 줄어들었고, 상인들이 부산시장에게 자신들이 전기료를 내겠다고, 조명을 밝혀달라고 했다고 한다. 상인들의 이런 요청으로 정부는 광안대교를 에너지 절약에서 제외하기로 했다고 한다. 그리고 덧붙여서 사람들이 광안대교의 화려한 불빛을 좋아해서, 여기서 약속을 하는 사람들이 많다고 한다. 빛과 재화는 서로를 부르고 있었다. 해변에서 바라보는 광안대교는 어두운 바다를 배경으로 푸른 다이아몬드 빛을 발하고 있었다. 이제 누구나 부산에 오면 광안대교를 안 보고 갈 수 없는 명물이 되었다.

빛이 어둠을 만들고, 그리고 다리가 서로를 분리한다

부산은 주로 산과 바다로 되어있어서 다른 도시에 비해서 도로율이 낮은 편이다. 이러한 사정으로 교통 혼잡을 완화하기 위해서 광안대교는 섬과 육지를 연결하는 것이 아니라 활처럼 굽은 광안리 해변의 양쪽을 연결한다. 사실 대부분의 다리는 강과 바다를 연결하지만 광안대교는 육상의 일반도로와 더불어 바다 위의 고속도로라고 말할 수 있다. 그래서 광안대교는 다리에 대한 기존의 통념을 무너뜨리고 있다. 이러한 기존의 다리와 다른 특징으로 인해 광안대교가 불꽃축제를 하기 좋은 장소가 된 것이다

광안대교는 해운대 신시가지의 교통난 해소와 항만물동량의 원활한 처리를 위한 도심 배후도로 역할을 하면서, 수영구 남천동 49호 광장과 해운대구 컨벤션센터 BEXCO 지역을 광안리 바다를 가로질러서 연결하고 있다. 이 대교는 광안리와 다른 곳을 연결하는 것이 아니라, 주로 광안리바다를 지나고 있다. 광안리에서 보면 대교는 거의 직선으로 보인다. 다리가 바다를 지나고 있기 때문에 직선으로 되어있는 것이 당연하다. 그러나 장산 약수암에서 장산 터널을 빠져 나온 대로를 바라보면, 광안대교는 직선이 아니라 에스자로 뻗어가면서 수영강변 대로와 마주치면서 기역자로 광안리 해변을 수직으로 해서 일자로 되어있다. 특히 약수암에서 광안대교를 찍은 야경 사진은 역동적이다 못해 대로의 야경이 이토록 아름다울 수 있을까 싶었다. 그래서 야경을 찍은 그곳으로 가보았다.

장산 약수암에서 바라본 광안대교(필자 촬영)

빛이 밝으면 어둠은 더욱 깊어지기 마련이다. 광안대교를 따라서
보면 고층건물들이 다양한 색채를 뿜어내면서 우뚝 솟아있다. 그러나
약수암으로 가는 장산터널 고가도로 밑은 태양 빛 아래에서도 어두운
칙칙함을 벗어나지 못하고 있었다. 그 옆에 오래된 올망졸망한 주택
들은 해운대의 옛 모습을 간직하고 있었고, 조그만 밭들 군데군데에
배추, 파, 상치들이 옹기종기 심어져 있었다. 장산 터널 조금 못가서
세월의 무게를 힘들어 하는 낡은 무허가 판잣집들이 어림잡아 대여섯
채 있었다. 그리고 약수암에 가보니 굿을 하고 있었고, 굿 당이 10군데
정도 있었다. 마치 밝게 빛나는 조명 사이로 뒤쳐진 어둠과 같은 과거
의 공간들이 군데군데 고층 빌딩들 사이에 혼재하고 있었다. 인공의
빛은 인공의 어둠을 만들고, 다리는 아직도 잇지 못한 시간들을 그 그
늘에 남겨놓고 있었다. 다리는 분리된 것을 결합시키지만, 또한 자연
과 사람들을 좌우와 위아래로 분리시킨다. 다리 위에는 높은 빌딩의

화려한 빛과 재화가 몰려들고, 다리 아래에는 과거의 자취, 빛바랜 삶 그리고 소외된 사람들이 어둠과 빈곤으로 남아있다.

약수암 가는 길의 장산터널 다리 아래 풍경(필자 촬영)

다리에 관한 철학적 의미

자연은 공간 내에 모두 연결되어 있다. 그러나 개체적인 형상으로 보면 모두 분리되어있다. 이런 점에서 인간의 사고가 자연물을 분리하기도 하고, 결합하기도 한다. 그래서 인간의 사고에 의해 분리된 형상은 인간에 의해서만 결합될 수 있다. 그 반대도 마찬가지다. 다른 장소로 가고자 하는 이 장소의 사람과 사이에 산, 강, 바다가 놓여있어도,

분리된 장소는 이미 그의 의지와 상상력에 의해서 연결되어있다. 이 장소와 저 장소를 연결하려는 의지와 상상력이 길과 다리를 만들고, 길과 다리는 이 의지와 상상력을 가시적으로 보여주는 형상물이다. 길은 가고 오는 사람들의 걸음이 쌓여서 만들어진다. 그러나 다리는 바다 위로 길을 쌓아서 양쪽을 잇는다. 우리는 이 차이를 광안리의 길과 바다를 가로지르는 광안대교에서 시각적으로 경험할 수 있다.

용호동 방면에서 바라본 광안대교(문진우 제공)

처음으로 두 개의 장소 사이에 길을 만든 사람들은 인류의 가장 위대한 업적 중의 하나를 해낸 셈이다. (…중략…) 다리의 건설에서 이러한 인류의 업적은 절정에 도달한다. (…중략…) 분리된 것을 단지 현실적으로 실질적 목적에 따라 결합시킬 뿐 아니라 그러한 결합을 직접적으로 눈에 보이게 만들면서 다리는 미학적 가치가 된다(G 짐멜, 「다리와 문」, 김덕영·윤미애 역, 『짐멜의 모더니티읽기』, 새물결, 2006, 264~265쪽).

다리는 강과 바다 양쪽을 역동적으로 이어주는 실용적인 목적을 달성하고, 그리고 기슭의 자연풍광과 차이로서 다리는 인간적 특징으로서 미적인 조형물이 된다. 예술작품이 자신의 모상으로서 자연물과 초연하게 분리되어있는 반면에 다리는 자연적 풍경에 귀속된다.

고리원전과 부산 그리고 우리의 안전과 생명권

조관연

한국 최초의 원자력 발전소

해방 후 남북 분단이 고착화되면서 북한의 전력송전이 끊겼고, 남한은 극심한 전기 부족을 겪었다. 남한 정부는 1970년대 초반부터 경제개발에 필요한 전기공급을 위해 원자력 발전소 건설을 추진하였다. 당시 남한에서 원전은 가장 '선진적'이고 '깨끗하고' '값싼' 전기 생산방식으로 알려져 있었다. 부산은 당시 새로운 중화학 공업단지로 육성 중인 남동임해공단의 중간쯤에 위치하고 있었고, 안보문제 때문에 부산 인근의 양산군 고리는 최적의 입지조건으로 평가를 받았다.

한국에서 최초로 건설된 고리 1호 원전은 히로시마에 투하된 원자폭탄의 200배 이상의 폭발력을 가지고 있기 때문에 북한의 군사공격으로부터 가장 안전한 장소에 건설하는 것이 필요했다. 부산은 한국전쟁에서 북의 재래식 침공으로부터 가장 안전한 도시라는 사실이 입증되었다. 고리에 원자력발전소들이 속속 건설되고, 운전에 돌입하면서 전력수급에 숨통이 트였고, 부산을 중심으로 한 남동임해공단에는 거대한 장치 산업이 속속 건설되었다. 하지만 산이 많은 부산은 경공업 중심의 종합공업도시와 항만도시로 발전하였고, 후에는 인근 산업도시 주민이 소비하는 공간으로 거듭났다.

박정희 전 대통령이 고리 1호기 기공식(1971)과 준공식(1978)에 모두 참석해서 치사를 한 사실에서 이 원전이 당시 국가적으로 차지하는 위상을 짐작할 수 있다. 고리 1호기가 완공되자 서울 광화문 앞에는 이의 준공과 5호기 착공을 축하하는 거대한 아치가 세워졌고 모든 신문들은 이를 대서특필하였다. 남한 사람들은 고리 1호기가 완공되기 전까지 당시 한반도에서 발전 용량이 가장 컸던 북한의 수풍발전소에 대해 미련을 가지고 있었는데, 고리 1호기의 발전 용량이 이에 버금가는 총 58만 7,000kw인 것은 우연이 아니었다. 이후 고리와 신고리에 총 7기의 원전이

1978년 박정희 전 대통령 고리원자력발전소 준공식 참석 장면
(국가기록원 역사기록관 제공)

추가 건설되었고, 현재 2기가 건설 중에 있다. 고리가 부산에 편입되면서 부산은 한국의 중추적인 전기공급단지가 되었는데, 대도시와 인접한 지역에 이렇게 많은 원전이 있는 경우는 전 세계적으로 그 유례가 없다.

원자력 발전소와 자주국방 그리고 경제성장

고리원전이 건설될 당시 남한과 북한 사이에는 경제력과 군사력을 둘러싸고 눈에 보이지 않는 치열한 위세경쟁이 벌어졌다. 당시 남북한 모두 상대에 대해 절대적 우위를 가지지 못했는데, 대다수 국민은 한국전쟁의 트라우마와 적색공포에 시달리고 있었다. 남한 정권은 이를 극복하는 방안을 경제성장 제일주의와 자주국방에서 찾았다. 당시 국시였던 자주국방을 가장 쉽고 싸게 그리고 단기간에 이룩하는 방법은 원자폭탄 보유였지만, 미국은 원자력 기술을 엄격하게 통제하고 있었다. 정부는 원자력 원천기술과 우라늄을 합법적으로 획득하기 위해 원전 건설에 집착하였는데, 박정희 전 대통령의 "민족중흥의 도정에서 이룩한 하나의 기념탑"이라는 치사는 이런 희망과 기대를 반영하고 있다. 고리 1호기가 준공될 당시 주요 일간지들은 신문사설에서 원자력 발전의 안전을 우려하는 내용을 일부 신기도 하였지만, 이는 대부분 형식적인 목소리였다. 당시 대부분의 한국인은 인간의 지식과 기술로 원전을 충분히 통제할 수 있다고 믿었고, 일부는 믿고 싶어 했는데, 이는 원전이 가지고 있는 경제성과 효율성, 민족적 자긍심 그리고 자주국방에 대한 기대가 더 컸기 때문이었다. 하지만 나중에 한미원자력 협정을 통해 원자력 기술의 제한을 받게 되었다.

1974년 고리원자력발전소 건설공사 장면(국가기록원 역사기록관 제공)

고리 1호기 건설비는 약 1,561억 원이었는데(『동아일보』, 1978. 4. 25. 일), 가동을 시작한 지 채 4년도 되지 않아서 초기 설비 투자비를 상회하는 전력을 생산하였다. 이런 성과는 성과지상주의에 경도된 사회적 분위기 때문에 가능할 수 있었다. 당시 대부분의 서구 원전은 안전점검 문제 때문에 90%의 내외에서 운전을 하였지만, 고리원전은 거의 98%에 해당하는 운전성적을 보였다. 정치인이나 기술자는 안전점검을 위한 원전의 일시적 운전중단을 커다란 경제적 손해로 받아들였고, 이를 최소화하기 위해 국민의 생명을 담보로 온갖 위험을 감수하였다. 원자력 기술에 대한 이런 무모한 믿음과 안전 불감증은 아직까지도 한국 사회에서 유령처럼 배회하고 있다.

고리원전의 수명연장과 위험성

고리 1호기가 건설될 당시 한국에는 원전관련 지식과 기반이 전혀 축적되어 있지 않았기 때문에 미국 웨스팅하우스가 턴키(일괄시공) 방식으로 1호기를 건설하였고, 국내 인력은 도로와 부지조성만을 담당했다. 가압경수로형인 고리 1호기는 초기 원전 모델인데, 건설 당시 배관과 설비의 소재기술은 초기 단계였으며, 배관과 설비는 복잡했다. 1호기는 시운전 단계부터 배관과 설비 부분에서 크고 작은 고장을 계속 일으켰는데, 지금까지 발생한 횟수는 한국 원전 전체 고장의 1/3 이상이다. 고리 1호기는 미국 기술에 의해 건설되었기 때문에 한국 기술자는 초기에 고장의 원인을 찾는데 많은 어려움을 겪었으며, 운전을 멈추고 열악한 배관과 설비를 모두 다 교체하는 것도 불가능했다. 문제투성이였던 고리 1호기는 2007년부터 10년 연장 운전되고 있는데, 당시 이에 반대하는 정치권과 시민사회 그리고 전문가의 목소리는 거의 없었다. 원전에 관한 정보들이 투명하게 공개되지 않았고 원전이 국가의 중요한 미래산업으로 인정받으면서 관련 전문가들은 '국익'을 위해 침묵했기 때문이다. 원전이 계속 추가 건설되면서 일부 전문가와 산업체 그리고 정치가들 사이의 침묵의 카르텔이 점차 더 강화되고 있다.

하지만 점차 다양한 전문가들은 고리1호기의 가혹한 운전조건과 노후화 그리고 배관의 피로도 때문에 운전을 당장 중지해야 한다고 주장했다. 후쿠시마 원전 30km 안에는 15만 명만이 살고 있었는데,

그 피해는 상상을 초월했다. 하지만 고리 원전에서 30킬로미터 반경 안에는 약 340만 명의 부산시민이 살고 있다. 대규모 원전사고가 발생하면 이 지역은 일본의 예에서 볼 수 있듯이 우선적으로 폐쇄될 확률이 높은 지역이다(아직까지 사고를 대비한 정확한 매뉴얼조차 마련되지 못한 상태이다). 이 지역은 오랜 기간 동안 인간이 살 수 없는 땅이 될 것이며, 부산시민의 삶과 한국경제는 회복하기 힘든 피해를 입게 될 것이다. 한국의 매스미디어는 지난 몇 년 동안 원전과 관련된 크고 작은 사고와 기술과 설비의 부실 그리고 은폐와 조작 등에 대한 기사들을 쏟아내고 있다. 원전 관련 최종 결정권을 가진 정부는 원전 관련 비리와 문제점들을 어떻게 해결하고 있는지 투명하게 정보를 공개하지 않고 있으며, 시민사회가 요구하는 국제적인 전문가들의 검증도 거부하고 있다. 점점 더 많은 한국인은 우리가 원전을 안전하게 운용하기에 적합한 기술과 통제시스템 그리고 의식과 관행을 갖추고 있는지에 심각한 걱정을 하고 있는데, 이는 국민과 시민의 생존을 위한 정당하고 합리적인 문제제기이다.

웨스팅하우스사는 고리 1호기보다 4년 전에 미국에 키워니 원전을 건설하였는데, 설계수명은 고리 1호기보다 두 배나 긴 60년이었다. 미국 정부는 당초 이 원전을 2023년까지 운전할 계획이었지만 안전 운전을 위해 투입할 비용이 너무 많았기 때문에 후쿠시마 사고 이전인 2006년에 영구 정지시켰다. 하지만 한국 제도권의 원자력 전문가들은 아직도 대규모 원전 사고 발생 가능성을 극단적으로 축소해서 유포하는데 열심이다. 하지만 인류의 원자력 60년 역사에서 이미 스리마일, 체르노빌 그리고 후쿠시마 등의 3차례 대규모 원전사고가 발생했고,

이 보다 작은 사고까지 포함하면 10년 단위로 사고가 발생하고 있다. 한국은 다섯 번째로 많은 원전을 운전하고 있는데, 앞의 세 사건의 대규모 사고는 한국보다 더 많은 원전을 운전 중인 '원전 선진국'에서 발생했다. 이런 사실은 인간이 아직 그 복잡하고 위험한 원전을 안전하게 운용할 수 있는 능력을 갖추지 못했음을 보여주고 있다.

현재 전 세계 원전산업은 다양한 이해관계를 가진 사람들로 인해 위험한 도박판이 되어가고 있지만, 경제성과 효율성 신화에 사로잡힌 사람들에게 원전을 포기하는 것은 힘들다. 하지만 국가의 일차적 의무와 역할은 이런 물질지상주의의 유혹을 떨치고 국민의 생명과 재산을 안전하게 보호해주는 것이며, 국가는 어떤 경우에도 국민의 생명과 안전을 담보로 도박과 같은 확률게임을 벌여서는 안 된다.

고리1호기 영구정지

산업통산부 산하 에너지위원회는 2015년 말 고리 1회기의 영구정지(폐로)를 결정하였다. 산업부는 고리 1호기 폐쇄에 최소 15년 이상이 걸릴 것으로 예상하고 있다. 하지만 고리 1호기의 폐쇄를 마냥 기뻐할 수 없는데, 현재 6기의 원전이 아직도 가동 중이고, 2016년에는 신고리 3호기와 4호기가 추가로 가동될 예정이기 때문이다. 2016년 초부터는 총 8기의 원자력발전소가 부산시민의 안전과 생명을 계속 위협

1978년 고리원자력발전소 1호기 전경(국가기록원 역사기록관 제공)

할 것이다, 이런 위험요소 이외에도 원자력발전소 폐쇄과정에서 나오
는 방사능 물질 처리도 심각한 문제이다. 한국정부는 원자력발전소
해체 경험이 아직 없으며, 이와 관련된 지식과 경험도 제대로 축적하
지 못하고 있다. 폐쇄과정에는 수많은 위험요소들이 산재해 있는데,
각성된 시민의 힘과 연대만이 이런 위험들을 통제하고, 극복하는데
중요하다.

술렁이는 가덕도, 주인이 바뀐 가덕도

차철욱

시끄러워지는 가덕도

가덕도가 술렁이고 있다. 거가대교가 완공되고 육지와 뭍의 이동이 자유로워지면서 방문객들이 늘어나고 있다. 연결다리가 없이 연락선을 타고 이동했던 시절, 외지인들이라 해야 낚시꾼이 전부였던 이곳에 최근에는 등산객이나 회 맛을 즐기려는 관광객들의 발길이 늘었다. 그뿐일까. 경치 좋은 곳을 물색하여 전원주택을 지으려는 사람들 …… 그러다 보니 개발보상금을 노린 투기꾼들의 왕래 또한 늘어나고 있다. 바뀔 것 같지 않던 어촌 마을들이 연일 중장비나 대형트럭의 왕래로 어수선하기만 하다.

가덕도는 부산시 강서구에 소속된 섬이다. 그동안 천가동으로 불렸으나, 섬 명칭이 더 유명하다 하여 가덕도동으로 행정구역이 변경되었다. 가덕도는 그 위치에 꼼짝하지 않고 서 있었는데 역사적으로 웅천, 마산, 창원, 의창 등 여러 곳에 속했다가 1989년 부산으로 편입되었다.

변두리 섬 가덕도

가덕도에는 오래전부터 사람들이 살았다는 흔적이 발견된다. 외양포와 대항의 패총이나 두문의 지석묘는 가덕도가 비어있는 곳이 아니라 사람들의 삶터로 기능하였음을 잘 보여준다. 가덕도에서 살아온 사람들은 대륙의 끝자락에 위치하면서 다양한 경험을 했다. 바다 건너편 일본인들 때문에 곤혹스런 삶을 경험하기도 하고 새로운 문화를 싹틔우기도 하였다. 바다라는 자연환경 덕분에 자연의 매서움에 불안해 할 때도 있었지만, 자연의 혜택으로 삶을 풍요롭게 만들 수도 있었다.

대륙의 끝에서 경험한 가덕도 사람들의 고통의 역사를 먼저 살펴보자. 조선 정부는 세종 대 왜구의 노략질에서 벗어나기 위한 방법으로 공식적인 무역항구인 삼포를 개항하였다. 제포에 위치했던 일본인들은 거리가 가까웠던 가덕도에서 빈번하게 생필품을 마련하였다. 물론 법적으로는 불법이었다. 그러던 중 1508년 웅천의 관리가 가덕도에서

두문에 위치한 가덕도 지석묘(필자 촬영)

재목을 채취하다가 일본인들로부터 피살되는 사건이 일어났고, 이를 계기로 조선인 관리들의 일본인 통제가 강화되면서 1510년 삼포왜란이 일어나는 원인이 되었다. 가덕도가 일본인들의 앞마당처럼 활용되었음을 알 수 있다. 그런 만큼 이 섬에 살았던 조선인 주민들의 생활을 어렵잖게 추측할 수 있다. 1544년 사량진 왜변이 일어나고서야 정부는 가덕도 사람들의 안위를 걱정해 가덕진과 천성보를 설치하였다. 지금도 두 성의 흔적이 마을 가운데 남아있다. 성벽은 마을 주택의 담장이나 논밭의 경계로 활용되고 있다. 성의 기능을 알리는 안내문만 서 있을 뿐 제대로 된 관리나 발굴은 이루어지지 않았다.

한편 임진왜란 때는 일본군들이 부산을 사수하기 위해 부산 인근에 왜성을 쌓았다. 특히 이순신이 주둔하던 통영에서 부산으로 향하는 거제도, 가덕도, 안골포에 왜성들이 많다. 가덕도 눌차왜성은 이 무렵 만들어졌다. 임진왜란 당시 조선의 유명한 의병부대 고경명과 전투한 일본군 장수였던 고바야카와小早川隆景가 축성한 것으로 보인다. 왜성을 쌓는 데는 대체로 인근 조선인들이 동원되어 육체노동을 감당했는데, 가덕도와 인근 마을 사람들의 사역이 강했을 것이다.

러일전쟁이 한창이던 1905년 4월 21일 일본 해군사령관 도고 헤이

하치로우東鄕平八郎는 대한해협을 통과할 발틱함대를 격침시키기 위해 가덕도 끝자락인 외양포에 포대를 설치하였다. 당시 이곳에 살던 조선인들은 일본군의 강요에 감히 저항하지 못하고 삶터를 고스란히 빼앗겼다. 외양포에 주둔한 일본군은 러일전쟁 이후 마산으로 이동했고 최종적으로 진해에 안착하여 일본군 요새사령부를 만들었다. 이를 기념한 비석이 1936년 세워졌다. 러일전쟁 이후 외양포 기지는 소규모로 운영되었으나, 일제 말 태평양전쟁기에 또다시 중요한 시설로 인식되었다. 미군 상륙에 대비하여 주변 높은 산에는 포대를, 절벽에는 동굴을, 해안가에는 화약으로 방어막을 구축하였다. 지금도 외양포 바닷가에서는 손톱크기의 화약들이 발견된다. 물론 불을 붙이면 불꽃도 솟는다.

일본군요새사령부터(필자 촬영)

먹거리가 풍부했던 가덕도

이러한 침탈의 역사에도 불구하고 가덕도 사람들은 섬을 버리지 않았다. 우리나라의 가장 남쪽이면서 따뜻한 기운과 찬 기운이 교차하는 섬 가덕도는 자연환경 그 자체로 이곳 사람들에게 가치로운 존재였다. 외양포 뒤편 동쪽 해안 암벽에서 따뜻한 해풍을 맞아 자생한 전통적인 동백은 이 섬의 가치를 더해 준다. 인간이 접근하기 쉽지 않은 위치에 뿌리를 내린 덕분에 아름다움을 고스란히 유지하고 있다.

그리고 섬에서 살아가는 사람들에게 가덕도는 생존에 필요한 다양한 먹거리들을 제공했다. 난류와 한류가 교차하는 가덕도 앞바다의 바닷물에는 엄청난 생선들이 잡혔다. 요즘도 겨울철이면 대구가, 봄철이면 숭어가 관광객들의 입맛을 사로잡는다. 펄떡이는 대구 살을 얇게 썰어 만든 대구회, 회를 장만하고 남은 뼈와 내장으로 만든 맑은 국물은 여기가 아니면 맛볼 수 없다. 봄이면 무동력선으로 잡아들이는 숭어는 초고추장과 함께 우리를 바다 속 용궁으로 안내하는 기분이다. 고기잡이에 너무 좋은 자연적인 조건 때문에 때로는 가덕도 앞바다가 섬사람들이 감당하기 힘든 권력에 빼앗기는 일도 있었다. 조선 후기 왕실어장으로 묶이기도 하고, 식민지시대에는 일본인 수산왕이라 불리던 카시이 겐타로香椎源太郎의 수중에 들어가 섬사람들이 소외되기도 하였다.

섬사람들은 섬에서만 고립된 생활을 하지 않았다. 섬이라는 자연환경 때문에 여기저기로 이동하면서 다양한 문화와 접촉할 수 있었다.

1909년 설치된 가덕도 등대(문진우 제공)

1909년 대한제국 정부가 건설한 가덕도 등대는 남해안의 어두운 밤길
을 안내하였다. 가덕도 사람들은 개항기에 부업으로 탕건을 만들었다.
재료인 말총은 제주도에서 가져왔고, 서울에다가 팔았다. 섬사람들이
직접 서울로 팔러 다녔다. 탕건에서 '쌀이 난다'고 할 정도로 섬사람들
의 수입에 좋았다. 서울로 왕래하던 사람들에 의해 서울의 근대적인
분위기가 그대로 변두리 섬마을에 전달되었다. 이 영향으로 섬사람들
은 마을에 근대식 학교를 만들었고, 학교를 통해 전달된 개화사상과
민족교육은 1919년 섬에서 3·1운동이 일어나게 되는 계기가 되었다.

신항 배후지 가덕도(문진우 제공)

장밋빛 미래, 술렁이는 가덕도

최근 들어 부산 신항이 건설되고, 거제도와 연결되는 거가대교가
완공되면서 가덕도의 운명은 예측하기 곤란해 졌다. 외부인의 손길이
적었던 가덕도가 조금씩 그 섬의 가치를 잃어가고 있다. 거가대교는
거제도와 부산의 거리를 단축시켰다. 양쪽으로 왕래하는 사람들에게
더없이 좋은 풍광을 선물하고 있다. 하지만 가덕도의 자연풍광을 공
유하려는 사람보다 소유하려는 투기꾼들의 욕심으로 자연의 섬 가덕
도는 조금씩 해체되고 있다. 지나가는 관광객을 끌어들이려는 준비로
분주하다. 배가 아니면 다닐 수 없던 섬 안에는 대형버스가 움직일 수
있을 만큼의 널직한 도로가 만들어졌다. 농민들의 손으로 가꾸어지던
논밭에는 먹거리 대신 펜션과 횟집이 들어서고 있다. 섬이 파헤쳐지
는 만큼 땅값도 뛰었다. 그동안 바다와 들에서 고생한 보상을 받으려

는 섬사람들은 치솟는 땅값의 유혹을 뿌리칠 수 없다.

부산 신항 건설은 가덕도를 송두리째 삼킬 태세다. 신항 배후지 건설로 장항과 율리 두 마을이 사라졌다. 앞으로도 몇 개의 마을이 더 사라질 예정이다. 마을 사람들은 몇 푼 받지 못한 보상금으로 마을을 떠났다. 도시로 나간 마을 사람들이 할 수 있는 일은 할 일 없이 쉬는 일과 외로움이었다. 이웃한 마을에 이주단지를 만들었으나 정책의 불합리로 여기에 입주한 사람은 소수에 지나지 않는다. 마을에 살 때는 잘살거나 못할거나 관계없이 한 마을 사람으로 살 수 있었다. 먹거리가 부족하면 바다에서 고기를 잡고 조개를 주워 먹었다. 들에는 풋나물이 있어 계절별로 입맛을 잃지 않았다. 넉넉한 게 있으면 이웃끼리 나눠먹는 마을 인심은 자랑거리였다. 하지만 마을을 떠난 사람들은 성묘 때면 한 번씩 고향을 찾는다. 옛 이웃 집 아저씨들의 안부가 궁금할 터이지만 조상에게만 문안 인사하고 떠나 버린다. 초라해진 현실을 보여주고 싶지 않아서다. 마을에 남은 자들은 어쨌든 마을을 살려 보려고 발버둥 친다. 남은 자나 떠난 자 모두 국가사업이라고 너무나 쉽게 고향을 내 준 것에 후회한다. 국가는 마을 사람의 소망을 냉혹하게 뿌리쳤다.

영남지역 신공항 문제로 또 한 번 가덕도가 휘청거렸다. 명심해야 할 것이 있다. 대규모 국가사업이 내세우는 장밋빛 미래는 오늘날 우리가 누리는 가덕도의 아름다움을 담보로 가능한 일임을. 가덕도의 대구나 숭어가 사라지지 않고 늘 우리 밥상을 지켜주길 기대한다.

새롭게 발견되는 공생의 삶터, 산동네

공윤경

흔히 사람들은 '부산'이라는 도시를 떠올렸을 때 해운대, 광안리, 태종대, 자갈치 등 바다나 항구와 관련된 장소를 연상한다. 하지만 부산에는 부산 사람의 애환과 삶이 만들어낸 독특한 장소가 있다. 고국, 피란지, 일자리를 찾아 몰려온 귀환동포, 피란민, 노동자의 불안한 삶을 품어준 '산동네'가 바로 그곳이다. 산동네는 도시 부산의 형성과 역사를 증명하는 상징적 공간이자, 도시의 공간구조 속에서 배제된 약자들의 공간이었다. 이곳에는 부산의 역사, 부산 사람의 삶이 공간의 층과 시간의 결을 따라 고스란히 남아있다.

일제강점기에 형성되어 전쟁으로 확장된 삶터

개항 이후 대일무역 확대와 공업 성장 그리고 매축공사 시행 등으로 노동자들이 몰려들어 부산의 인구는 급격하게 증가하였다. 하지만 낮은 임금과 불안한 고용구조 때문에 빈민층은 늘어만 갔다. 일본인들이 체계적인 도시계획으로 자신들의 거주지를 근대화시킬 때, 빈곤한 조선인들은 수도, 변소, 도로 등 기본적인 주거환경과 도시기반시설도 제대로 갖추지 못한 채 일자리 인근의 빈터나 개천가에 움막, 판잣집 등을 짓고 살았다. 그곳도 차지하지 못한 사람들은 산자락에 보금자리를 마련할 수밖에 없었다. 산동네가 도시 빈민들의 삶의 터전이 된 것은 이때부터였다.

해방, 전쟁으로 밀려든 귀환동포, 피란민들로 부산은 또 다시 큰 변혁을 겪게 되었다. 전쟁이 발발하자 정부는 부산을 임시수도로 정하였고 시내 곳곳에 마련된 40여 개의 수용소와 공공건물에 피란민들을 수용하고자 하였다. 그러나 전국에서 몰려드는 피란민들을 수용하기에 수용소는 턱없이 부족하였다. 이에 수용소에 들어가지 못한 사람들은 한 평이라도 빈터만 있으면 집을 지었고 점차 이들의 주거지는 산으로 올라갔다.

산비탈을 가득 메운 판잣집은 해방과 피란시절 서민들의 대표적인 주거형태라 할 수 있다. 용두산 화재(1951, 1954), 국제시장 화재(1953), 부산역 화재(1953) 등 크고 작은 화재도 빈번하였다. 대부분의 화재는 판잣집에서 시작되었는데 가마니, 나무판자 등의 가연성 건축재료와

산동네와 산복도로(문진우 제공)

호롱불, 촛불이 주원인이었다. 당시 부산에서는 '났다하면 불'이라는
유행어가 생길 정도였다.

이후 많은 피란민들이 고향으로 또는 타 지역으로 이동했지만 산동
네는 사라지지 않았다. 철거, 화재 등으로 살 곳을 잃은 사람들 그리고
도시 부산으로 몰려든 노동자들이 산동네로 들어왔기 때문이다. 하지
만 개발정책이 몰아치면서 도시환경개선 및 미관회복이라는 명분으
로 산동네는 무허가 불법주거지로, 주민들은 불법거주자가 되어 철거
와 강제이주의 대상으로 전락하게 되었다. 경제적, 사회적으로 소외된
주민들은 언제 철거당할지 모르는 위협 속에서 살아야 했고 철거되면
짓고 철거되면 또 짓는 악순환은 1980년대 후반까지 계속 반복되었다.

1964년 10월 산동네 일대에 산복도로가 처음으로 개통되었다. 산동
네를 가로지르며 해발 60~100m 높이의 산 중턱에 만들어진 산복도
로는 주민들의 삶에 중요한 영향을 미쳤다. 제대로 된 도로가 없어 불
편했을 당시, 원조라 할 수 있는 망양로望洋路는 다른 곳으로 뻗어나갈

수 있는 발판이었으며 급속한 산업화와 함께 아미동, 남부민동, 가야
동, 주례동 등으로 이어졌다.

산복도로 주변 산동네에서 판잣집은 점차 사라졌다. 하지만 그 자리
는 슬레이트, 블록 등으로 재료만 바뀐 비좁은 단층주택 그리고 우후
죽순으로 생겨난 연립주택과 저층아파트 차지가 되어 버렸다. 도로,
화장실, 주차장 등 기반시설을 제대로 갖추지 못한 상황에서 무계획
적으로 판잣집 자리에 그대로 집이 들어서 좁은 골목길, 가파른 계단,
불편한 공동화장실은 여전하다. 부족한 주차 공간 때문에 산복도로에
는 아래쪽 건물 옥상을 활용한 옥상주차장도 생겼다.

1990년대부터 시작된 재개발 바람과 재생사업

부동산 가격이 치솟고 철
거 위주의 재개발사업이 한
창이던 1990년대 산동네에
도 재개발 바람이 불었다. 추
진위원회, 조합까지 설립된
산동네가 있긴 했지만 실제
제대로 추진된 곳은 없었다.
2000년대 들어서면서 '재개

영주동 일대(문진우 제공)

발'이란 용어는 사라지고 '도시재생'이 새로운 도시정책의 화두로 떠올랐다. 이런 분위기 속에서 산동네를 대상으로 다양한 재생사업이 시행되고 있다.

안창마을의 '안창고'(2007), 물만골의 'Art in City'(2007), 돌산마을의 '따뜻한 사람들의 벽화이야기'(2008)와 '돌산공원 가꾸기'(2011), 감천문화마을의 '꿈을 꾸는 부산의 마추픽추'(2009)와 '미로미로 골목길'(2010) 등 다양한 공공사업, 마을 만들기 사업이 이루어졌다. 이 사업들은 산동네의 주거환경 미화에 다소나마 도움이 되었고 산동네를 새롭게 알리는 계기가 되었다. 하지만 일부 사업들은 산동네를 전국적으로 유행처럼 번진 벽화마을로 획일화하여 관광지로 만드는 것에 치중하는 모습이었다. 그것마저 제대로 관리가 되지 않아 흉물스럽게 변한 곳도 있다.

산복도로 르네상스, 공생의 공간으로

산복도로 일대의 산동네를 재생하기 위한 '산복도로 르네상스 프로젝트'가 2011년부터 추진되었다. 이 사업에서 특히 주목할 만한 것은 기존 공동체를 유지하면서 경제적으로 자립할 수 있도록 하기 위해 감천문화마을의 감내카페와 감내맛집, 초량 산복도로의 천지빼까리 카페, 까꼬막 게스트하우스, 골목점빵 등을 주민들이 직접 운영한다는 점이다. 주민들에게 실질적으로 도움을 주고 공동체 활성화를 도모하는 새로운 시도인 것은 분명하다.

문화, 스토리 중심의 재생사례로서 긍정적인 평가를 받고 있는 산동네와 산복도로는 전국적 나아가 세계적 명소로 자리 잡고 있다. 2013년 11월 '지역공동체 우수사례 발표대회'에서 최우수상, '대한민국 지역희망박람회'에서 지역발전대상을 수상했다. 아울러 지리 교과서에 산복도로와 감천문화마을이 소개되고 2014학년도 대학수학능력시험 사회탐구영역(한국지리)에 출제되기도 하였다. 특히 감천문화마을은 2013년 카타르 알자지라방송, 일본 NHK, 미국 CNN 그리고 프랑스 일간지 『르몽드』에 보도되었다.

하지만 산복도로 르네상스 사업은 지자체나 구청의 행정 창구가 일원화되지 않아 절차가 복잡하거나 시일이 오래 걸리고 공무원들의 현장 중심의 사고가 부족하다는 지적이 있다. 또한 제도나 법규도 산동네의 실정에 맞게 개선되어야 하고 무엇보다 향후 지자체나 구청의 지원 없이도 자립할 수 있는 체계를 구축하는 것이 필요할 것이다. 아울러 산동네 재생사업에서 주의해야할 것들이 있다. 산동네의 외형이나 경관의 개선만을 중시한다거나 산동네를 관광지화, 상품화해서는 안 될 것이다. 또한 지자체장의 생색내기용 성과물이 되어서도 안 된다. 산동네의 장소성과 현실을 제대로 파악하여 보존과 개발이 공존하는 공간, 이웃과 공동체가 함께 공생하는 공간으로 탈바꿈하길 기대해 본다.

비석마을, 철탑마을 등 형성 시기도 거주민도 제각각

감천문화마을(문진우 제공)

부산에는 산동네가 많다. 하지만 형성된 시기도, 모여든 주민들도 제각각이며 비석문화마을, 감천문화마을, 안창마을, 물만골, 돌산마을, 철탑마을 등 장소의 특징에 따라 이름도 다양하다.

서구 아미동 산19번지의 비석문화마을과 사하구 감천동 문화마을은 피란시절에 만들어진 마을이다. 일제 강점기 일본인 공동묘지와 화장장이 있었던 비석문화마을은 피란민들과 이주민들이 묘 터에 천막을 치고 살면서 형성되었다. 외벽, 계단, 주춧돌 등 마을 곳곳에서 묘지의 비석, 상석을 찾아볼 수 있다. 2015년 기준 200여 가구, 400여 명의 주민들이 살고 있다. 감천문화마을은 1950년대 전국 각지에서 피란 온 태극도 신자들이 교주를 중심으로 종교공동체를 형성한 곳으로, '태극도마을'로 불리기도 했다. 당시 주민들끼리 '모든 길은 통해야 한다', '뒷집의 조망권을 막지 말자'라는 원칙을 세워 지켜왔기 때문에 사통팔달의 길과 계단식 주택 등 질서정연하고 통일성 있는 경관을 이룬다. 2011년부터 '감천문화마을 골목축제'가 열리고 있다.

동구 범일4동과 부산진구 범천2동에 걸쳐있는 '도심 속 오지' 안창마을은 신발산업, 고무산업이 번창하던 1970년대 김해, 양산 그리고 전라도 등지에서 일자리를 찾아 온 노동자들이 유입되면서 만들어졌다. 2013년 말 낙후지역이라는 마을 이미지를 쇄신하기 위해 이름을 '호랭이마을'로 바꾸고 다양한 마을재생사업을 추진하고 있다. 2014년 기준 약 800가구, 1,500여 명의 주민들이 살고 있지만 대부분의 주택이 무허가이다. 연제구 연산동 물만골은 1960~1970년대 철거정책에서 쫓겨난 사람들이 이주하여 만든 마을이다. 재개발사업에 반대하면서 1999년 물만골 공동체를 조직하였다. 환경부 '자연생태우수마을(2002~2005)'로 지정되었고 부산시 '부산녹색환경상 대상'을 수상하기도 했다. 2002년부터 주민들이 돈을 모아 마을 부지를 공동으로 매입하였으나 내부 갈등으로 2011년 이후부터 2015년 현재까지 공동체 활동이나 토지매입협의회 활동은 거의 없는 상황이다. 2010년 주거환경개선을 위해 자연녹지지구에서 자연취락지구로 변경되었으며 2014년 12월에서야 상수도가 설치되어 400여 가구에 수돗물이 공급되었다.

　남구 문현동 돌산마을과 우암동 철탑마을은 비교적 늦게 형성된 산동네로서, 1980년대 부동산 투기과열, 주택가격과 전세가격의 폭등으로 살 곳을 마련하기 어려웠던 사람들이 모여 만든 마을이다. 공동묘지가 있었던 돌산마을에는 1960년대 사람이 살긴 했지만 마을의 형태를 갖춘 것은 1970년대 후반~1980년 초반쯤이었다. 국유지 무단 점유로 인해 철거조치가 시행되었는데 가장 심했던 시기는 1980년 중반이었다. 철거가 다소 잠잠해진 1980년대 후반부터 많은 사람들이 들어와 지금의 마을 모습이 완성되었다. 대부분의 무덤은 이장되었고 현재 80여 기가 남아있다. 철탑마을은 대연동과 우암동 경계의 산비탈에 만들어진 마을로서 '대연우암주거공동체'로 불린다. 형성 당시 마을부지는 국방부, 산림청 소유였지만 1988년 부산외국어대학교의 부지 매입과 2014년 캠퍼스 이전으로 주민들은 철거의 위협 속에서 불안한 삶을 이어가고 있다. 이에 주민들은 스스로 수익사업을 벌여 자조주택을 짓고 마을공동체를 이어가기 위해 2013년 '대연우암씨알주택협동조합'을 결성하였다. 2015년 기준 68가구가 거주하고 있다. 철탑마을이란 명칭은 1990년 철거집행, 반대시위 등에 대한 언론 취재 때 딱히 마을을 칭하는 이름이 없어 당시 마을에 세워져 있던 송전탑을 드러내 언론에서 붙인 것이다. 이 송전탑은 1994년경 철거되었다.

복원되는 과거, 소비되는 향수를 가로질러, 산복도로 르네상스

문재원

그곳에 가야 한다

"토요일 오후 2시 부산역 시계탑으로 오시면 됩니다." 25인승 산복도로 투어버스에 올랐다.

부산역에서 출발해 초량 육거리 – 까꼬막 – 유치환의 우체통 – 장기려 더나눔센터 – 168계단 – 김민부 전망대 – 이바구공작소로 이어지는 코스였다. "여기서 보면 저 밑에 부산항에 배들어 오는 거 다 보입니다. 뿌~ 배 들어왔다 하면 여기서 저 밑에 까지 정신없이 달려가는 기라요. 그라믄 선착순 50명. 뽑힌 사람은 하루 종일 가대기 메고 일하고 일당 받아서 쌀 한 봉다리, 연탄 한 장 새끼줄에 묶어가 그라고 아까

부산역에 설치된 포토존(원성만 제공)
감천문화마을에 전시된 '어린왕자와 사막여우'

그 육거리 있지요 거기서 뼈 같은 거 가지고 올라옵니다. 그라믄 하루 힘들어도 마 ……" 168계단 앞에서 문화해설사의 구수한 해설도 듣고 까꼬막에서 비즈공예체험으로 가방 고리도 하나 만들어 달았다. 유치환의 우체통에서 함께 온 관광객들은 연신 카메라 셔터를 눌렀다. 예정된 2시간 30분을 넘겨 우리의 코스는 끝이 났다.

관광코스로 만난 산복도로. 언젠가부터 산복도로는 내 이웃이 살고 있는 그렇고 그런 동네가 아니라, 어느 날 자고 일어나니 너무 유명해진, '부산에 살면서 거기도 안가 봤냐'는 힐난을 피하기 위해, 꼭 가 봐야하는 강박증으로 다가왔다.

산복도로 르네상스 프로젝트

국제 메트로폴리스 어워드 1위(2014), 대한민국 지역박람회 지역발전대상(2013), 지역공동체활성화 발표대회 최우수상(2013), 부산시정 1

위(2013) 후쿠오카본부 아시아도시경관상 대상(2012), 초량이바구길 대한민국 향토자원베스트 30 선정(2011), 부산 히트 상품 3위(2010), 박근혜대통령 '산복도로 르네상스는 지역발전 모범사례', 초량이바구길 방문객 11만 명, 감천문화마을 방문객 30만 명, 산복도로 방문객 52만 명, 마을 거점시설 70개소, 마을기업, 예비적사회기업 26개 설립 등등 연일 기록을 경신하고 있는 산복도로 르네상스는 이제 부산뿐만 아니라 대한민국 최고의 히트 상품으로 등극하고 있다. 이러한 수상과 숫자들은 부산의 산동네를 낙후된 달동네의 이미지에서 '아시아에서 가장 예술적인 마을'(미국 CNN), '미로 끝에 있는 예술마을'(프랑스 르몽드)로 세계적인 주목을 받는 곳으로 전환시키고 있음을 증명하고 있다.

부산시의 산복도로 르네상스 사업은 원도심 산복도로 일원 거주 지역(중, 서, 동, 사하, 사상구, 54개동 634천 명 부산 전체의 17.6%, 2010년 기준)의 역사 문화 경관 등 지역자원을 활용하는 주민 참여형 마을 종합재생 프

감천문화마을 전경(원성민 제공)

로젝트로, 부산광역시가 2011년부터 2020년까지 10년간 1,500억 원을 투입하는 역점사업이다. '산복도로 공간재생과 지역자활을 통한 생태문화소통의 공동체 형성'이라는 목표 아래 생태, 교통, 경관에 중점을 둔 공간재생, 생활환경, 공공복지, 커뮤니티 비즈니스에 중점을 둔 생활재생, 지역문화, 주민문화, 관광에 중점을 둔 문화재생의 유형을 설정했다. 특히 종전의 개발사업과 가장 큰 차이로 '개발을 최소화하며, 주민과의 소통'에 역점을 둔 창조도시 프로젝트임을 강조했다. 최근에는 산복도로 르네상스 프로젝트가 도시재생 모범 사례로 국내외로 부각되면서 사업성과 조기 확산의 필요성이 제기되고, 당초 예산 증대, 기간 단축에 대한 이야기들이 속속 대두되고 있다.

복원되는 과거, 소비되는 향수

산복도로 르네상스의 효과는 수치가 말해주듯, 관광에서 혁혁한 공을 세우고 있다. 그동안 가리고 가리면서 에둘러갔던 이곳이 이제는 관광객들을 제일 먼저 데리고 오는 공간이 되었다. 이중섭의 거리를 걸으러 범일동으로, 유치환의 우체통에서 엽서 한 장 부치고 잠시 행복해지다가, 금수현을 만나 세모시 옥색치마 노래 한 소절 뽑고, 황순원을 만나 한국전쟁기 발표했던 곡예사의 시간을 더듬고, 어린 왕자 포토존에서 인증 사진 찍고 내려와야 산복도로를 제대로 봤다는 자위를 한다. 사이사이 무수한 인증 공간들을 거치면서.

일제 강점기 도시형성, 해방, 한국전쟁, 근대화과정을 거치면서 부산으로 이주한 사람들이 산 위로 올라간 산복도로의 시간은 100년의 시간을 지난다. 수정산 허리를 베어 만든 망양로가 개통된 지 50년. 그 길을 통해 산 아래의 시간과 산 위의 시간이 얼추 맞아들기 시작한 것은 그 도로가 개통되고도 한참이 지나서였다. 그런데 이제는 산 위의 시간이 산 아래의 시간을 추월하면서 3, 4년 동안 만들어진 새로운 공간만도 70여 개를 향해 달린다. 이러한 산복도로의 속도가 말해주는 것은 산복도로가 성과주의에 피로해졌다는 사실. '피로사회'의 경쟁에 갑자기 떠밀려진 산복도로 사람들의 생체리듬은 호르몬의 급격한 변화에 어리둥절하다.

관광의 시간과 일상 시간의 불협화음. 동일한 장소가 누군가에게는 아이템이 되고, 누군가에게는 삶의 자리가 된다. 아이템은 출발부터 경쟁선에 있고, 경쟁에 뒤지지 않기 위해 날마다 거울 앞에서 변신을

꿈꾸어야 하고, 자칫 한박자 늦었다가는 유행에 뒤떨어진 퇴물이 되고, 사람들의 기억 속에 잊혀져 간다. 이제 속도전에 돌입한 산복도로는 복원된 과거와 지금 여기의 대화가 채 이루어지기 전에 새로운 무엇을 찾아 길을 나선다.

초량 이바구길 안내지도(필자 촬영)

르네상스 제1의 목록은 ……

프랑스 철학자 미셸 드 세르토Michel de Certeau는 일상적 공간의 장소
성에 대해 '내부로 돌아가는 역사이고, 남들은 읽을 수 없는 과거이며,
펼칠 수 있지만 이야기처럼 보따리 안에 저장된 축적의 시간이며, 육
체의 고통과 기쁨 속에 감싸인 상징화'라고 했다. 우리가 이야기하는
장소성은 거창하게 건물을 지어 올려 확인하는 자리가 아니다. 장소
의 주름을 지우고 제 멋을 내는 스펙터클은 오히려 장소성을 은폐한
다. 장소성은 내 삶이 곰삭아 주름꽃을 피워낸 자리다. 노화된 산복도
로의 재생은 보톡스를 맞고, 피부이식을 하고 그렇게 새로 태어난 '미
녀의 탄생'이 아니라, 주름의 시간을 응시하면서 그 미세한 지문의 결
을 거슬러 가는 족적으로 다가올 일이다.

도심 주변부 산동네는 사실, 도시공간을 중심과 주변으로 나누면서
그 간극을 더욱 키워낸 근대 국민국가가 자인한 통치의 실패를 드러
내는 지점이기도 하다. 이 실패를 만회하기 위해 성급한 장밋빛 청사
진을 제시하는 일은 진정한 위무도 대책도 되지 못한다. 다시 찾고 싶
은 산동네와 내가 살고 싶은 산동네가 어디에서 만날 수 있는지 찬찬
히 따져 묻는 일. 산복도로의 지난한 일상의 기억들을 현재화하는 작
업이야말로 산복도로 재생에 올라야 할 첫 번째 목록이다. 지역거점
시설을 만들고, 주민들을 참여시켜 일자리를 늘리거나 소득을 증대시
키는 일면이나, 공동체의 움직임이나 지역 알리미로 나선 주민들의
화기애애한 분위기 등이 지역에 역동적인 바람을 일으킨다는 데는 이

견이 없다. 그러나 이보다 더 많은 수의 닫힌 대문들을 여는 작업은 여전히 과제로 남아있다. "우리는 오늘 부산의 보다 나은 미래를 위해 지속가능한 발전과 사람중심의 도시재생을 실천해 나갈 것을 선언한다." (부산시 부산도시재생선언) 산복도로 르네상스가 예고하는 미래가 지난 시간의 실패를 성급하게 가리면서 또 다른 욕망의 사다리를 제시하고 그것을 다시 욕망하게 하는 새로운 신자유주의적 통치기술과 다르게 가는 길을 제시할 때 '르네상스'의 중심이 사람을 지향하고 있음을 증명하게 될 것이다.

산복도로 커뮤니티 공간들—산복도로 소풍, 산복도로 갤러리, 밀다원카페, 금수현음악살롱(필자 촬영)